AUF DEM PUNKT

Barbara Prainsack

Wofür wir arbeiten

Aus der Reihe »Auf dem Punkt«

Herausgegeben von Hannes Androsch

Vorwort des Herausgebers

Unsere Welt befindet sich in tiefgreifendem, rasantem Wandel. Der Umbruch der Gesellschaft mit ihrer zunehmenden Komplexität und der Umbruch politischer Ordnungen führen zu neuer Unübersichtlichkeit, welche wachsende Verunsicherung erzeugt.

Um dies abzuwenden, bedarf es Orientierung und zukunftsfähiger Perspektiven. Angesichts von Halbwahrheiten und Schlagworten in alten und neuen Medien ist es notwendig, Relevantes und Irrelevantes, Sinn und Unsinn zu unterscheiden. Und es wird fundiertes Wissen über die großen Themen der Gegenwart benötigt, um durch die Flut von Daten, Halbwahrheiten und Fake News navigieren zu können und sich zurechtzufinden. Aus diesem Grund nehmen führende Intellektuelle, Expertinnen und Experten in der Reihe **Auf dem Punkt** zu den großen Fragen unserer Zeit Stellung.

Der Mensch lebt nicht in einem Schlaraffenland, in dem Milch und Honig fließen. In einer Welt der Knappheit und des Mangels muss er durch Arbeit, Mühe und Leistung seinen Unterhalt beschaffen. Schon in der Genesis heißt es:

»Im Schweiße deines Angesichts wirst du dein Brot verdienen«. Arbeit bedeutet jedoch mehr, wie Konfuzius zum Ausdruck brachte: »Wähle eine Arbeit, die du liebst und du wirst niemals wieder einen Tag in deinem Leben arbeiten«. Denn Arbeit ist auch Sinnstiftung, Erfüllung und soziale Verknüpfung. So wichtig die *vita activa* ist, darf die Bedeutung der *vita contemplativa* nicht außer Acht gelassen werden – die aber nicht mit Untätigkeit oder Faulheit verwechselt werden darf.

Jahrtausende lebte der Durchschnitt der Menschen in Armut. Dies hat sich erst in den letzten hundert Jahren durch Industrialisierung und Wohlfahrtsstaat geändert, also durch Arbeit. Doch immer gab es auch utopische Träume von einem paradiesischen Leben, von Thomas Morus bis zu John Maynard Keynes und aktuellen Träumen.

Arbeitsbedingungen, Arbeitsformen und Arbeitswelt haben sich immer wieder grundlegend verändert. Ein solcher Wandel ist mit dem digitalen Zeitalter im Gang. Es geht um Plattformökonomie und um die Zusammenarbeit von Menschen mit Maschinen – Computer, Internet, Algorithmen und künstlicher Intelligenz. Es geht also um völlig neue Tätigkeitsformen. Die Abschaffung der Arbeit muss wohl Utopie bleiben.

Dr. Hannes Androsch

1

Die große Resignation: Was wir zurücklassen

»Work isn't working«, titelte die britische Tageszeitung THE GUARDIAN im März 2022. Zwei Jahre Coronapandemie und der russische Angriffskrieg auf die Ukraine im Februar 2022 hatten zu Preissteigerungen geführt, die für viele Menschen die sprichwörtliche Wahl zwischen *eat or heat* – also essen oder heizen – zur Realität werden ließen. Schon vor den Preissteigerungen der vorangegangenen Monate hatten die Arbeitnehmer*innen vom Kuchen steigender Produktivität und wachsenden Wohlstandes nur ein kleines Stück bekommen. In den vergangenen drei Jahrzehnten haben die Löhne in der gesamten industrialisierten Welt mit den Produktivitätsgewinnen und den Renditen auf Kapitalvermögen nicht mehr Schritt gehalten.

Zum Teil wurden die Löhne mit dem Argument niedrig gehalten, dies würde die Wettbewerbsfähigkeit von Standorten steigern. Zudem hieß es, man wolle mit dieser Strategie die Arbeitslosigkeit eindämmen – ein Argument, das bei vielen Menschen auf offene Ohren stieß. Vor Arbeitslosigkeit hat man Angst. Neben den finanziellen Folgen, die Arbeitslosigkeit nach sich zieht, ist sie auch gesellschaftlich stark negativ konnotiert. Wer arbeitslos ist, steht unter dem

Verdacht, nicht arbeiten zu wollen, seinen Beitrag nicht zu leisten. Auch wegen der zunehmenden Digitalisierung und Automatisierung in vielen Branchen wird den Beschäftigten die Rute ins Fenster gestellt, ihre Arbeitskraft würde künftig vielleicht nicht mehr gebraucht werden – wenn sie sich nicht darum kümmern, durch neue Fähigkeiten wettbewerbsfähig zu sein.

Trotz des viel beklagten Arbeitskräftemangels in weiten Teilen der industrialisierten Welt stehen viele Erwerbstätige unter Druck. Häufig reicht das Einkommen aus der Erwerbsarbeit nicht aus, um alle Rechnungen zu bezahlen. Andere haben gar kein reguläres Arbeitsverhältnis, sondern arbeiten als Scheinselbstständige oder in anderen Konstruktionen, die dazu dienen, Arbeitnehmerrechte zu umgehen. Für manche hingegen ist die Arbeit so stressig, dass sie sie krank macht. Machen eine Erkrankung oder andere Umstände die reguläre Arbeit zu fixen Zeiten schwierig oder unmöglich, ist man außerdem überhaupt kaum mehr »vermittelbar«.

Gängigen Narrativen zum Trotz sind an diesen Problemen jedoch nicht die Roboter oder die Digitalisierung schuld. Zu verantworten hat es eine Politik, die diese Missstände möglich gemacht hat. Selbst viele Menschen, die 40 Stunden in der Woche arbeiten, können von ihrem Einkommen ihren Lebensunterhalt nur kaum oder gar nicht mehr bestreiten. Diese Entwicklung ist ein Schlag ins Gesicht jener Menschen, die mit der Überzeugung aufgewachsen sind, Leistung lohne sich. Wer in der Schule brav lernt, eine solide Ausbildung macht und hart arbeitet, der ist am Ende auch gut abgesichert. So heißt es – aber so ist es leider nicht. *Work isn't working*. Warum nicht?

Wie so oft im Leben sieht man Dinge am klarsten, wenn man auf ihre extremsten Erscheinungsformen blickt. Werfen wir einen Blick in die Vereinigten Staaten, wo die Einkommensschere besonders weit auseinanderklafft. Und wo Arbeitnehmerrechte und auch soziale Absicherung bekanntlich weniger entwickelt sind als in Europa. Um nur ein paar Beispiele zu nennen: Die viel besungene amerikanische Mittelschicht schrumpft rasch. Zur Mittelschicht gehört man in den USA, wenn das jährliche Haushaltseinkommen zwischen zwei Drittel des landesweiten Medianeinkommens bis hin zum doppelten Medianeinkommen beträgt.[1] Wenn beispielsweise das mediane Haushaltseinkommen bei 67.521 Dollar liegt – wie dies 2020 der Fall war –, dann wurden jene, deren Haushaltseinkommen zwischen rund 45.000 und 135.000 Dollar lagen, der Mittelschicht zugerechnet. Waren Anfang der 1970er-Jahre noch über 60 Prozent der Bevölkerung Teil der Mittelschicht, so waren es 2019 nur noch 51 Prozent. Das bedeutet, dass ganze 50 Millionen US-Bürger*innen in den vergangenen 60 Jahren aus der Mittelschicht in die Armut abgerutscht sind (der Bevölkerungsanstieg der vergangenen Jahrzehnte ist dabei mitberücksichtigt). Und diese Tendenz verstärkt sich, weil die hohen Einkommen weiter wachsen, während die mittleren und niedrigen Einkommen sinken. Kurz gesagt: Ein immer größerer Teil des Wohlstandskuchens geht an die Reichen.[2]

Die amerikanische Journalistin Jessica Bruder schrieb 2017 ein Buch – »Nomadland« – über jene Lebenslüge, mit der Generationen von Menschen in den Vereinigten Staaten aufgewachsen sind: Nämlich, dass es in ihren Händen liegt, ob sie es schaffen oder nicht. Dass sie nur hart genug arbeiten müssen, um am Ende abgesichert zu sein. Millionen von Menschen haben einen Kredit für ihr Studium oder für die Ausbildung der Kinder aufgenommen oder mit viel Arbeit und unter großen Entbehrungen ein Haus oder eine Wohnung

Wer in der Schule
brav lernt,
eine solide
Ausbildung macht
und hart arbeitet,
der ist am Ende
auch gut abgesichert.
So heißt es – aber
so ist es leider nicht.

Work isn't working.
Warum nicht?

gekauft. All das taten sie, weil sie annahmen, sie würden ihren Lebensabend gut abgesichert verbringen können. Sie würden zwar nicht in Saus und Braus leben, aber doch ein eigenes Dach über dem Kopf haben, Ersparnisse für die Ausbildung der Kinder und möglicherweise auch genug Geld, um nicht bankrott zu gehen, wenn sie von Krankheit, einer Trennung oder anderen Lebenskrisen betroffen sind.

Bruder beschreibt in ihrem Buch das Leben jener Menschen, für die diese Rechnung nicht aufgegangen ist. Sie erzählt etwa von einem 67-jährigen ehemaligen Taxifahrer aus San Francisco, der trotz seines fortgeschrittenen Alters zwölf Stunden am Tag bei Minusgraden bei der jährlichen Zuckerrübenernte in Minnesota schuftet. Oder von einem 66-jährigen ehemaligen Unternehmer, der seinen Lebensabend als Arbeiter in einem Amazon-Lager verbringt, wo er pro Schicht jeden Tag fast 20 Kilometer laufen muss (wenn er das nicht schafft, droht die Kündigung). Oder von der 64-jährigen Linda, die in einem winzigen Wohnwagen auf einem Campingplatz lebt, wo sie als eine Art Platzwartin Gäste empfängt und die Anlage reinigt, oft 14 Stunden am Tag. Viele der Jobs, die diese Menschen ausüben, sind saisongebunden.

Wenn sie nicht mehr gebraucht werden, fahren diese Frauen und Männer weiter durchs Land bis zum nächsten Ort, an dem es Jobs für sie gibt. Ihre Autos, Wohnwagen oder Wohnmobile sind ihr Zuhause. Ihr Haus und ihren Traum vom Ruhestand haben sie aufgegeben, weil sie ihren Job, ihr Unternehmen oder den Traum von einer kleinen Rente verloren haben und sich die Kreditraten ihrer Wohnung oder ihres Hauses nicht mehr leisten konnten.

Und weil es so viele Menschen sind, denen es so ergeht, haben einige Unternehmen einen Weg gefunden, auch daraus Profit zu schlagen. Sie haben spezielle Programme für diese Gruppen geschaffen. Das »CamperForce«-Programm von Amazon dient beispielsweise dazu, älteren Arbeitskräften »eine Chance« zu geben, wie das Unternehmen es ausdrückt.[3] Auf der Website des Programms lacht einem eine glücklich aussehende Dame entgegen, die in entspannter Haltung in einer Lagerhalle steht. »Sie möchten das Leben unterwegs weiter genießen?«, steht dort geschrieben. »Schließen Sie sich einem enthusiastischen Team von gleichgesinnten Reisenden und Abenteurern bei Amazon CamperForce an.« Das Unternehmen biete großartige Saisonjobs an einer wachsenden Anzahl von hochmodernen Amazon-Lagerstandorten in den USA an, lauten die Versprechungen auf der Website. »Alles, was Sie tun müssen, ist, sich zu bewerben, Ihren eigenen Platz auf dem Campingplatz zu reservieren, aufzutauchen und Geschichte zu schreiben.«

Die Geschichte, die diese Menschen schreiben, ist eine andere, als die glücklich aussehenden Menschen auf der Website es vermuten lassen. Die Menschen im CamperForce-Programm arbeiten viele Stunden unter krankmachenden Bedingungen. Manche bekommen dafür weniger als den Mindestlohn. Sie haben keine Rentenversicherung und keinen Kündigungsschutz. Die Firma hingegen kann mit diesem Programm ihren erhöhten Bedarf an billigen Arbeitskräften in den Spitzenzeiten decken, wie zum Beispiel in der Vorweihnachtszeit. Es darf vermutet werden, dass sie deshalb so sehr auf ältere Beschäftigte erpicht sind, weil aufgrund der schlechten Arbeitsbedingungen, die diese Firmen bieten, sonst niemand mehr für sie arbeiten will. Was auch immer die Motivation ist: Im Gegenzug für seine »Wohltätigkeit« gegenüber älteren Arbeitnehmer*innen erhält das Unternehmen Steuergutschriften vom Staat.[4]

Wer die Geschichten dieser Menschen als extreme Situation in einem Land abtun möchte, das sehr wenig mit unserer eigenen Gesellschaft zu tun hat, der blicke nach Europa, wo es vielen Menschen heute ähnlich geht. »Lasst uns nicht vergessen, dass Kapitalismus für alle Scheiße ist«, schrieb die in England lebende Sozialtheoretikerin Jana Bacevic im März 2022 auf Twitter. Der Anlass ihres Tweets war ein Warnstreik der Sicherheitskräfte am Frankfurter Flughafen, die höhere Stundenlöhne forderten.

In Bacevic' britischer Heimat streikten zu jener Zeit gerade die Hochschulbediensteten; manche schon wochenlang. Der Grund dafür war keineswegs ein Luxusproblem der Eliten. Für viele ging es um die schlichte Existenz: Zwischen 2009 und 2021 waren die Gehälter der Hochschulbeschäftigten um fast ein Viertel gekürzt worden, während immer mehr von ihnen erwartet wurde. In einer Umfrage gab eine von fünf Personen an, im Schnitt ganze 16 Stunden pro Woche mehr zu arbeiten als vertraglich vereinbart – das entspricht zwei ganzen Arbeitstagen.[5] Anfang 2022 sagten zwei Drittel der Universitätsangestellten, dass sie ihren Arbeitsplatz an der Universität in den nächsten fünf Jahren verlassen möchten.[6] Schlafprobleme, Depressionen und Burn-out kennzeichnen ihren Alltag. Frauen, Angehörige von Minderheiten sowie Personen mit Behinderungen verdienen im Schnitt noch weniger und werden dafür auch noch häufig bei Beförderungen und anderen Karriereentscheidungen diskriminiert.[7] 2022 drohte den Universitätsangehörigen zu allem Überfluss noch eine Kürzung zukünftiger Pensionsansprüche um 35 Prozent.

Die Streiks im Vereinigten Königreich, die gerade stattfanden, als Bacevic ihren Tweet absetzte, richteten sich gegen die unvermeidlichen Ergebnisse eines jahrzehntelangen Prozesses, in dem sich Universitäten von öffentlichen Institutionen, die sich der Förderung der Wissenschaft und der Bildung junger Generationen verschrieben hatten, in profitorientierte Unternehmen verwandelten. Möglichst viel aus möglichst billigen Arbeitskräften herauszuholen und gleichzeitig die Studiengebühren so hoch wie möglich zu halten ist kein »Zufall«, sondern ihr Geschäftsmodell.

Auch wenn die Privatisierung öffentlicher Güter hierzulande noch nicht so weit fortgeschritten ist wie im Vereinigten Königreich, so liegt auch in Deutschland und Österreich vieles im Argen.

Die Ideologie, dass (fast) alles wie ein Markt funktionieren muss, greift immer weiter um sich. Die Kluft zwischen den Arbeitseinkommen wird immer größer – und am besten haben es jene, die überhaupt ihre Vermögen für sich arbeiten lassen, denn diese wachsen am schnellsten. Das drückt sich in wachsenden Ungleichheiten aus. Sowohl für Deutschland als auch für Österreich liegt der sogenannte Gini-Index bereits bei rund 31 Prozent. Diese Messgröße zeigt an, wie hoch die Einkommens- und Vermögensungleichheit in einem Land ist. Je höher der Wert ist, desto höher ist die Ungleichheit. Zum Vergleich: In Island liegt der Gini-Index bei 26 Prozent, in Slowenien sogar nur bei etwas über 24 Prozent. Vor dem russischen Angriff auf das Land rangierte die Ukraine übrigens mit knapp unter 26 Prozent unter den Ländern mit der geringsten Ungleichheit. Südafrika gehört zu den Ländern mit der höchsten Ungleichheit – mit einem Gini-Index von 63 Prozent.[8]

Was die Einkommen betrifft, gibt es hierzulande im Gegensatz zu den Vereinigten Staaten noch eine breite Mittelschicht. Laut gängigen Definitionen zählen all jene zur Mittelschicht, die zu den mittleren sechs Einkommenszehnteln gehören; in Österreich waren das vor der Coronapandemie knapp 5,2 Millionen Menschen, also fast 60 Prozent der Bevölkerung.[9] In Deutschland gehörten vor der Pandemie sogar satte 64 Prozent einkommensmäßig zur Mittelschicht.[10] Nimmt man allerdings die Vermögen auch in den Blick, dann sieht die Situation anders aus: Während in Österreich die ärmere Hälfte der Bevölkerung gerade einmal 2,5 Prozent des Nettovermögens besitzt, hält das reichste Prozent ganze 40 Prozent. Der größte Teil dieser Vermögen stammt dabei nicht von Einkommen aus Arbeit, sondern wird steuerschonend geerbt.[11] In Deutschland sieht es ähnlich aus: Dort besitzt die ärmere Hälfte 1,4 des Gesamtvermögens, während das reichste Prozent der Bevölkerung etwa 35 Prozent hält.[12] Fast überall in Europa gibt es seit den 1980er-Jahren eine ähnliche Vermögenskonzentration zu beobachten. Weltweit profitieren die Vermögenden »von der Deregulierung der Märkte, Privatisierungswellen, der Orientierung am Shareholder-Value sowie dem internationalen Steuerwettbewerb und den Steuersümpfen«, wie die Österreichische Arbeiterkammer es ausdrückt.[13]

Gut geerbt ist ganz gewonnen: Die Tücken der Meritokratie

In einer Meritokratie werden Menschen für ihre Verdienste belohnt. Meritokratien sind Systeme, in denen Amtsträger aufgrund besonderer Errungenschaften oder Erfahrungen ernannt werden, und in denen Bürger*innen adäquat zu ihren Leistungen mit Sicherheit und Wohlstand belohnt werden. Länder wie Deutschland, Österreich oder die Schweiz verstehen sich zwar als Sozialstaaten, haben aber auch ein starkes meritokratisches Selbstverständnis: Es soll zwar niemand verhungern, aber die, die »mehr leisten«, sollen auch mehr haben. So gibt es zwar progressive Einkommenssteuern – also höhere Steuersätze für höhere Einkommen, als Instrument der Umverteilung –, aber geringe Vermögenssteuern. Auch hier wird Kindern gern erzählt, dass sie, wenn sie brav lernen und später hart arbeiten, ein gutes Leben führen und für ihren Fleiß belohnt werden.

Diese Erzählung stimmt aber schon lange nicht mehr, wenn man kritischen Stimmen Glauben schenkt. Die meisten Menschen können sich heutzutage durch ihre Arbeit keinen Wohlstand mehr erarbeiten; für manche reicht das Einkommen aus der Erwerbsarbeit nicht einmal mehr für

Die meisten Menschen
können sich
heutzutage
durch ihre Arbeit
keinen Wohlstand
mehr erarbeiten;
für manche reicht
das Einkommen
aus der Erwerbsarbeit
nicht einmal mehr für
ein solides Leben aus.

ein solides Leben aus. Jene, die große Vermögen haben, können im Gegensatz dazu bequem und vergleichsweise gering besteuert davon leben. Das Momentum-Institut in Wien hat errechnet, dass ein Mensch mit durchschnittlichem Einkommen ungefähr 400.000 Jahre arbeiten müsste, um das Vermögen zu akkumulieren, das die 2022 verstorbene Milliardenerbin Heidi Horten besaß. Es profitieren also nicht jene Menschen, die besonders hart arbeiten, sondern jene, die besonders gut erben. Das sehen übrigens nicht nur die »Klassenkämpfer« so, sondern auch die Reichen selbst: »Hört auf damit, die Superreichen zu verhätscheln«, fordert etwa der amerikanische Milliardär Warren Buffett.[14] Er sehe nicht ein, so Buffett, warum er prozentuell weniger Einkommenssteuer zahle als die »normalen« Angestellten in seinem Büro. Die Millionenerbin Marlene Engelhorn, Enkelin des BASF-Gründers, sieht es ähnlich und geht sogar noch einen Schritt weiter: Das Geld, das sie erben werde, gehöre ihr nicht, sagt sie – sie hätte ja nicht dafür gearbeitet. Deshalb wird sie 90 Prozent ihres Erbes spenden – und sie setzt sich gleichzeitig für höhere Vermögenssteuern ein.[15]

Sollte es in einem reichen Land nicht so sein, dass alle Menschen – unabhängig davon, wie sie leben und in welche Familie sie hineingeboren wurden – genug für ein würdevolles Leben haben? Zu so einem Leben gehören öffentliche Infrastrukturen und Daseinsvorsorge – wie ein gut funktionierendes Gesundheits- und Bildungssystem, öffentlicher Nah- und Fernverkehr, Zugang zu leistbarem Wohnraum. Dazu gehört auch Geld, um das, was durch öffentliche Dienstleistungen nicht abgedeckt wird, kaufen zu können. Geld, das nach der Vorstellung der meisten Menschen durch Erwerbsarbeit erzielt wird. Dass diese Erwerbsarbeit aber lange nicht für alle möglich ist, wird heute häufig auf Faktoren geschoben, für die Politik in unserem eigenen Land keine Verantwortung trägt. Es wird von Robotern gesprochen, die den Menschen die Arbeit wegnehmen, oder von der immer weiter fortschreitenden Digitalisierung, die die Nachfrage nach menschlicher Arbeitskraft reduziert. Aber das ist in Wirklichkeit nur ein ganz kleiner Teil der Geschichte.

Der Arbeitsmarkt ist keine Naturgewalt, die dem menschlichen Handeln entzogen ist. Er will oder braucht für sich allein gar nichts – sondern seine »Bedürfnisse« werden durch unsere

Regeln und Gesetze, aber auch durch ökonomische und gesellschaftliche Praktiken geformt. Wenn etwa der Arbeitnehmerschutz in einem Land stark ist, dann kann das dazu führen, dass in bestimmten Situationen weniger schnell neue Arbeitskräfte eingestellt werden, wenn man sie nicht so leicht kündigen kann. Dafür haben Unternehmen einen höheren Anreiz, in die Aus- und Weiterbildung ihrer Arbeitskräfte zu investieren. Ebenso gilt: Wenn bestimmte Jobs schlecht bezahlt oder mit sehr widrigen Arbeitsbedingungen verbunden sind, dann werden nur Menschen diese Jobs machen, die keine andere Wahl haben. Sobald sie jedoch eine Wahl haben, werden sie weiterziehen und sich eine andere Tätigkeit suchen. Bei Dynamiken wie diesen handelt es sich um Dinge, die von Menschen gemacht sind – und die wir ändern können, wenn wir wollen.

Es ist also nicht so, dass »die Wirtschaft« und »die Technologie« allein dafür gesorgt haben, dass es heute billiger ist, wenn bestimmte Tätigkeiten von Maschinen verrichtet werden als von Menschen. Das waren schon wir Menschen, die das zugelassen haben. Die Lösung des Problems besteht allerdings nicht darin, Firmen durch Maschinensteuern oder ähnliche Maßnahmen dazu zu bringen, die Automatisierung zu verzögern. Bestimmte Jobs, die sinnentleert, demütigend oder gefährlich sind, sollten lieber heute als morgen automatisiert werden. Das Problem, das es zu lösen gilt, ist, dass alle Menschen genug haben müssen, um ein würdevolles Leben zu führen. Dazu gehört auch die Möglichkeit, einer sinnvollen Tätigkeit nachgehen zu können. Zu arbeiten. Aber was bedeutet das eigentlich?

Was ist Arbeit?

Mit Arbeit ist es ein bisschen so wie mit Liebe: Jeder weiß, was es ist, aber fast niemand kann es aus dem Stegreif definieren. Auch Lehrbücher geben keine eindeutige Antwort. Was unter Arbeit verstanden wird und welche Aspekte bei der Definition im Vordergrund stehen, hängt stark davon ab, in welcher Disziplin man sich bewegt. Einschlägige Wirtschaftslexika definieren Arbeit als »zielgerichtete, soziale, planmäßige und bewusste, körperliche und geistige Tätigkeit«.[16] In der Volkswirtschaftslehre ist die Arbeit neben Boden, Kapital und Wissen der vierte Produktionsfaktor. Sie umfasst all jene Tätigkeiten, die der Einkommenserzielung und der Befriedigung der Bedürfnisse anderer Personen dienen. In der

Betriebswirtschaftslehre ist Arbeit jede plan- und zweckmäßige Aktivität in körperlicher oder geistiger Form, die eingesetzt wird, um in einem Betrieb Güter oder Dienstleistungen zu produzieren. Unbezahlte Tätigkeiten gelten daher weder im volkswirtschaftlichen noch im betriebswirtschaftlichen Sinne als Arbeit.

Etwas weiter gefasst ist der Begriff der Arbeit in der Psychologie, wo sie – ganz allgemein gesprochen (es gibt auch innerhalb dieser Disziplin unterschiedliche Zugänge) – als eine Aufgabe betrachtet wird, die Menschen unter der Erwartung eines Nutzens verrichten. Der Nutzen kann für die arbeitenden Menschen selbst eintreten – in Form von Entlohnung oder sozialer Anerkennung – oder für andere Menschen, die davon profitieren.

Noch weiter gefasst ist das Verständnis von Arbeit in der Philosophie und in der Soziologie, wo die unterschiedlichen Definitionen, wie es etwa der deutsche Soziologe Gerd-Günter Voß ausdrückt, »durch Ambivalenz gekennzeichnet sind«:[17] Arbeit ist belastend und zugleich Sinn gebend. Man muss sich von ihr erholen und kann sich, wenn man Glück hat, durch sie auch verwirklichen. Einig sind sich die unterschiedlichen

Definitionen von Arbeit eigentlich nur hinsichtlich der Tatsache, dass es sich bei Arbeit um eine Aktivität handelt; zu allen anderen Aspekten gibt es unterschiedliche Sichtweisen. So wenden einige Autoren den Arbeitsbegriff ausschließlich auf menschliche Tätigkeiten an, während andere auch manche Tätigkeiten von Tieren als Arbeit sehen. Hannah Arendt und auch Karl Marx gehören etwa zu letzterer Gruppe. Keine Einigkeit gibt es auch in der Frage, ob Arbeit immer zweckgerichtet sein muss, ob sie notwendigerweise die Verwendung von Werkzeugen einschließt, ob sie anstrengend sein muss, und ob Arbeit nützlich oder wertbildend sein muss, um diesen Namen zu verdienen. All diese Fragen werden teils unterschiedlich beantwortet. Und obwohl es Konsens darüber gibt, dass eine enge Beziehung zwischen Arbeit und sozialer Anerkennung und Entlohnung besteht, wird auch diese Beziehung auf unterschiedliche Weise beschrieben.

In ihrem Buch ARBEIT. EINE GLOBALHISTORISCHE PERSPEKTIVE hat die österreichische Historikerin Andrea Komlosy gezeigt, wie sehr die jeweils vorherrschenden Erscheinungsformen und Bedeutungen der Arbeit auch in globale Macht- und

Herrschaftsverhältnisse verstrickt sind. So bildete sich etwa zur Mitte des 13. Jahrhunderts in den städtischen Regionen Europas ein handwerksorientierter Arbeitsbegriff heraus, der sich deutlich vom Verständnis der Arbeit in der Landwirtschaft unterschied. Gleichzeitig begann sich der Handel damals verstärkt überregional zu vernetzen. Dieser wachsende und immer globaler werdende Austausch von Gütern, so Komlosy, fand keineswegs immer friedlich statt: Raub, Plünderung und der erzwungene »Export« von Arbeitskräften aus den von den dominanten Mächten eroberten und beherrschten Regionen führten zu einer Art der unfreiwilligen, überregionalen Arbeitsteilung. Im 16. Jahrhundert wurde dieser Prozess im Zuge des Kolonialismus ausgeweitet und auch unterworfene Gebiete in der »Neuen Welt« ausgebeutet. Rohstoffe, die durch indigene Bevölkerungsgruppen und Sklav*innen gefördert oder angebaut wurden, konnten in den Gewerberegionen Westeuropas weiterverarbeitet werden – während andere Teile der »Alten Welt«, insbesondere Osteuropa, weiterhin hauptsächlich landwirtschaftlich orientiert blieben.

Eine Entwicklung, die den Arbeitsbegriff in Westeuropa stark veränderte und globale Auswirkungen hatte, war die Industrielle Revolution. Westeuropa hatte mit der Nutzung neuer Maschinen für die Massenproduktion einen Wettbewerbsvorteil gegenüber anderen Weltregionen. Nicht nur, weil die durch Dampf angetriebenen Maschinen in Westeuropa standen, sondern auch, weil sie die Arbeit in den Kolonien noch effizienter machten – wie etwa auf den Zuckerrohrplantagen in der Karibik. Für die Bevölkerung bedeutete diese Entwicklung massive Einschnitte in ihre traditionellen Lebensformen: Maschinen und Plantagen brauchten billige Arbeitskräfte. Unfreiwillig oder auch freiwillig zogen die Menschen dorthin, wo die Maschinen standen, was wiederum der Urbanisierung und der Landflucht Vorschub leistete – und einer künstlichen Trennung der arbeitenden Menschen von den Produktionsmitteln.[18]

Für jene, denen das Schicksal der Versklavung erspart geblieben war, bekam damals der Begriff der Lohnarbeit erstmals die Bedeutung, die er in weiten Teilen der industrialisierten Welt heute noch hat: Man ging morgens aus dem Haus, um gegen Entlohnung Produkte zu erzeugen, die jemand anderem gehörten, und kehrte abends wieder nach Hause zurück. Damit waren nicht nur die arbeitenden Menschen von den Produktionsmitteln getrennt, sondern es war auch die Trennung in Arbeit und Freizeit vollzogen – obwohl den Fabriksarbeiter*innen von Letzterem ohnehin nicht viel blieb.

Überhaupt hat sich die Bewertung der Arbeit im Laufe der Geschichte stark verändert. So galt etwa im europäischen Mittelalter nicht die Arbeit, sondern das kontemplative, gottgefällige Leben als Ideal eines gelungenen, sinnerfüllten Lebens. Insbesondere manuelle Arbeit wurde als Mühsal, Last und sogar Strafe aufgefasst. In slawischen Sprachen spiegelt sich diese Bedeutung heute noch im Wort *robota* wider, mit dem unter anderem Fronarbeit und äußerst mühselige Arbeit bezeichnet werden. Über den Umweg der Science-Fiction hat dieser Wortstamm Eingang in viele andere Sprachen gefunden: Der Roboter ist eine Maschine, die automatisiert und entseelt Arbeit verrichtet.

Auch das englische Wort *labour*, das sich direkt vom lateinischen *laborare* als Verb für »mühsam arbeiten« oder »sich plagen« ableitet, spielt auf dieses negative Verständnis von Arbeit an. Es unterscheidet sich vom sinnerfüllten Arbeiten (*work*). Auf den Unterschied zwischen unterschiedlichen Typen von Arbeit kommen wir im nächsten Kapitel noch mal zurück.

Diese negative Bewertung der Arbeit änderte sich mit der protestantischen Ethik. Gewissenhaftes und fleißiges Arbeiten wurde nun als gottgefälliges Tun gesehen, als Erfüllung einer Pflicht auf Erden. Natürlich stand das in einem engen Zusammenhang mit den sich ändernden Wirtschaftsformen. Der neu entstandene Kapitalismus mit seinem Drang zum Wachstum war darauf angewiesen, dass Arbeit auch im öffentlichen Raum eine wichtige und positive Rolle einnahm. Aber definieren wir zuerst einmal, was unter Kapitalismus verstanden wird.

Was ist Kapitalismus?

Der Begriff Kapitalismus wird häufig mit Märkten und Wettbewerb gleichgesetzt. Märkte und Wettbewerb gab es allerdings schon vor dem Kapitalismus. Der Anthropologe Jason Hickel erkennt folgende Eigenschaften als Merkmale des Kapitalismus im 21. Jahrhundert:[19]

Das erste Merkmal ist das Privateigentum an den Produktionsmitteln, gepaart mit künstlicher Knappheit. Güter, die vormals als Gemeingüter der Allgemeinheit zur Verfügung standen, wurden in Privateigentum übergeführt. Der Zugang zu ihnen wurde eingeschränkt und kostenpflichtig. Bürger*innen waren zunehmend auf Einkommen angewiesen, um allein ihre Grundbedürfnisse zu befriedigen. Das zweite Merkmal ist die Konzentration auf Wachstum. Das primäre Ziel der Wirtschaft in kapitalistischen Systemen ist nicht die Befriedigung menschlicher Bedürfnisse, sondern die Optimierung der Profite. Hier muss allerdings ein Unterschied zwischen kleineren Betrieben und großen Unternehmen gemacht werden; die Diagnose Hickels trifft in erster Linie auf Letztere zu. Das dritte Merkmal ist das Zurückdrängen demokratischer Entscheidungsfindung in Bereiche, die die Interessen der Marktеliten nicht beeinträchtigen. Während Märkte in der Vergangenheit ein integraler Teil der Gesellschaft waren, wurden sie nach und nach zu eigenständigen Domänen, die ihren eigenen Regeln gehorchten und in die nicht »eingegriffen« werden sollte, um ihre vermeintliche natürliche Selbstregelungskraft nicht zu stören. Staatliches Handeln in vielen Ländern hat dies nicht nur zugelassen, sondern aktiv befördert – teilweise in einem solchen Ausmaß, dass diese Marktlogik in andere Bereiche des Lebens übergeschwappt ist.[20] Heute sprechen wir sogar in der Liebe – wie etwa im Bereich der Partnerwahl – von »Angebot und Nachfrage«. Auch der Begriff des Neoliberalismus bezeichnet nicht das Zurückdrängen staatlicher Handlungsmacht, sondern die Verwendung dieser Macht zur Stärkung der Interessen mächtiger Marktteilnehmer. Beispielsweise jene, die vom Ausbau des Rentenkapitalismus profitieren.

Der Rentenkapitalismus wiederum hat nichts mit unserem Pensionssystem zu tun. Damit wird vielmehr ein Wirtschaftssystem bezeichnet, in dem ein großer Teil des Wohlstandes nicht von Arbeit kommt, sondern von Erträgen von Kapitalvermögen (z. B. Miete, Pacht, Patente). In weiterer Folge werden in diesem System die Rentenansprüche selbst – beispielsweise Wertpapiere – zu einer Ware, die gehandelt wird. Häufig konzentrieren sich in der Folge diese Waren (die »Rententitel«) in den Händen einiger weniger, die großen Reichtum anhäufen, während die große Masse hart arbeiten muss, ohne jemals die Möglichkeit zu haben, zu Wohlstand zu gelangen.

Ein weiteres Element des Rentenkapitalismus ist die Auslagerung gesellschaftlicher Aufgaben, die von der öffentlichen Hand erbracht oder zumindest koordiniert wurden, auf private Erbringer, die wiederum vorrangig darauf bedacht sind, Profit aus diesen Aufträgen zu erwirtschaften. Das Chaos auf vielen europäischen Flughäfen im Sommer 2022 veranschaulicht diesen Effekt: Anstatt etwa für die Sicherheitskontrolle Personen anzustellen, die mit einem regulären Einkommen, Pensionsansprüchen und anderen Arbeitnehmer*innenrechten ausgestattet ihre Arbeit tun, war diese Aufgabe von vielen Flughäfen schon vor der Pandemie an private Firmen ausgelagert worden, die dafür einen bestimmten Betrag erhielten – und versuchten, davon möglichst wenig an Personalkosten abzugeben und möglichst viel als Profit zu behalten. Während der Pandemie kündigten viele dieser Firmen ihre Angestellten; und als der Flugverkehr wieder Fahrt aufnahm, gab es nicht genug Arbeitskräfte. Viele wollten zu den schlechten Bedingungen auch gar nicht mehr zurückkommen.

In vielen Ländern ist auch die Pflege ein weiteres, und noch viel traurigeres, Beispiel für die Effekte der Privatisierung. Die Arbeit wird schlechter erledigt und kommt der öffentlichen Hand letzten Endes sogar teurer. Statt einer fix angestellten Pflegekraft einen bestimmten Betrag im Monat zu bezahlen und dann noch einen

Spielraum zu haben, um im Krankheitsfall eine Vertretung zu finanzieren, bezahlt das Land oder die Gemeinde nun dieselbe Summe an eine private Firma, die prekär beschäftigte Mitarbeiter*innen für zwei Drittel oder sogar nur die Hälfte dieses Betrages dieselbe Arbeit machen lässt und den Rest als Profit behält.

Der Wert der Arbeit in unserer Gesellschaft

Mit der starken Trennung zwischen Arbeits- und Wohnort, die zur Wende zum 20. Jahrhundert einzementiert wurde, ging auch eine wachsende Kluft zwischen Produktions- und Reproduktionsarbeit einher. Das, was außerhalb des Hauses stattfand und Geld einbrachte, war die Erwerbsarbeit. Die Tätigkeiten innerhalb des Hauses wurden zur Domäne der »Hausfrau«. Auch wenn dies vorerst nur für die bürgerliche Oberschicht galt – weil in ärmeren Haushalten alle, oft auch die Kinder, für Lohn arbeiten mussten –, entfaltete diese Zweiteilung normative Wirkung. Während der Begriff der Hausfrau im Mittelalter für die Vorsteherin der Hausgemeinschaft verwendet wurde und damit als eine sehr wichtige und aktive Bezeichnung zu verstehen war, wurde er im 20. Jahrhundert

Während der Begriff
der Hausfrau
im Mittelalter
für die Vorsteherin
der Hausgemeinschaft
verwendet wurde,
[…]
wurde er im
20. Jahrhundert zu
einem Begriff
für Frauen, die »nur«
zu Hause waren und
»nicht arbeiteten«.

zu einem Begriff für Frauen, die »nur« zu Hause waren und »nicht arbeiteten«. Letztere Bezeichnung spiegelt auch die Verkürzung des Begriffes Erwerbsarbeit zu »Arbeit« wider, die inzwischen stattgefunden hatte. Dieser verkürzte Arbeitsbegriff, so argumentiert die Historikerin Andrea Komlosy, übersieht die Wertschöpfung, die aus anderen Bereichen als bloß aus der Erwerbsarbeit kam – wie etwa aus der unbezahlten Sorge- und Reproduktionsarbeit.

Wenn wir unter Arbeit alle Tätigkeiten verstehen, mit denen Menschen einen Beitrag für andere leisten oder zum Funktionieren der Gesellschaft beitragen, dann ist menschliches Leben ohne Arbeit gar nicht denkbar. Dann gehört Reproduktionsarbeit – also jene Arbeit, die man jeden Tag neu verrichten muss, um essen und schlafen und die Familie erhalten zu können – genauso dazu wie kreative oder handwerkliche Tätigkeiten. Allgemein ausgedrückt schließt Arbeit also alles ein, wodurch und womit Menschen nicht nur etwas für sich selbst tun, sondern einen Beitrag zum familiären, gesellschaftlichen, wirtschaftlichen oder politischen Zusammenleben leisten. Natürlich gibt es innerhalb dieser Kategorie zahlreiche Unterteilungen, wie etwa bezahlte und unbezahlte Arbeit, geistige und körperliche Arbeit oder selbstständige und unselbstständige Arbeit. Trotzdem ist es wichtig, alle diese unterschiedlichen Tätigkeiten als Arbeit anzuerkennen. Nur auf diese Weise wird auch unbezahlte Arbeit sichtbar. Viele der am schlechtesten oder gar nicht bezahlten Tätigkeiten gehören zu den gesellschaftlich wertvollsten: Auch wenn die Person, die diese Arbeit verrichtet, den Wert nicht immer sehen kann.

Arbeit ist also sehr vielseitig. Sie findet zu Hause oder auswärts statt, ist bezahlt oder unbezahlt und kann als selbstbestimmt und sinnvoll oder als entseelt und sinnentleert empfunden werden. Angesichts dieser Vielfalt scheint es eigenartig, dass der vorherrschende Arbeitsbegriff in unserer Gesellschaft so eng ist.

Ein arbeitender Mensch ist jemand, der sein Zuhause verlässt, um regelmäßig zur Arbeit zu gehen, für die er entlohnt wird. Reproduktions- und Pflegearbeit, deren Großteil unbezahlt stattfindet, bleibt hingegen meist unsichtbar. Welch wichtige Rolle das Aus-dem-Haus-Gehen dabei spielt, wird klar, wenn wir uns vor Augen führen, dass sogar bezahlte Arbeit oft unsichtbar bleibt, wenn sie »zu Hause« stattfindet – und von Frauen getan wird, wie das etwa bei der 24-Stunden-Betreuung der Fall ist. Auch wenn es in diesem Fall gar nicht das Zuhause der Betreuerin ist – und auch wenn die Verbreitung des Arbeitens von zu Hause (Homeoffice) in der Pandemie gerade dabei ist, diesen engen Arbeitsbegriff etwas aufzuweichen.

Unbezahlte Sorge-Arbeit scheint trotzdem immer noch nicht in den Statistiken auf. Sogar für die Berechnung des Bruttoinlandsproduktes wird sie außer Acht gelassen. Dort werden nur jene Güter und Dienstleistungen erfasst, die verkauft oder gekauft werden. Wenn jemand etwa unbezahlt den Nachbarskindern Nachhilfe gibt, dann trägt diese Person nichts zur gemessenen Wirtschaftsleistung bei. Wenn dieselbe Person sich für die Nachhilfe bezahlen lässt, dann schon. Dies habe, so argumentieren Ökonominnen wie Kate Raworth oder Marianna Mazzucato,[21] zu einer Reihe absurder Situationen geführt: So trägt zum Beispiel auch Umweltverschmutzung positiv zur Wirtschaftsleistung eines Landes bei, weil die Entsorgung des Mülls Geld kostet, das in der Gesamtrechnung aufscheint. Selbst die krankmachenden Effekte der Umweltverschmutzung steigern die gemessene Wirschaftsleistung – weil sich die Versorgung von Erkrankungen, die auf schlechte Luftqualität oder andere umweltbezogene Faktoren zurückzuführen sind, wirtschaftlich positiv zu Buche schlägt.

Wer das als kleinen Fehler einer an sich gut funktionierenden Methode zur Berechnung der wirtschaftlichen Leistung eines Landes ansieht, sollte seine Vorstellung von »klein« noch einmal überdenken. Würde man unbezahlte Arbeit nämlich wie andere Formen der Arbeit bewerten, dann würde sie weltweit zwischen zehn und vierzig Prozent der Wirtschaftsleistung ausmachen, wie eine Studie der Vereinten Nationen kalkulierte.[22] Hätten Menschen für ihre unbezahlte Arbeit den Mindestlohn erhalten, dann hätten sie im Jahr 2019 über zehn Billionen Dollar verdient.[23] Das ist deutlich mehr als der Umsatz der fünfzig größten Unternehmen einschließlich Apple und Amazon, berechnete die New York Times.[24] Es handelt sich also nicht nur um einen sehr beträchtlichen Anteil der Arbeit, die weltweit verrichtet wird, sondern auch um einen großen Anteil an der Wirtschaftsleistung.

»Meine Mutter arbeitet nicht«: Die unsichtbare Arbeit der Frauen

Wenn man sich ansieht, wer den größten Teil der unbezahlten und wirtschaftlich unsichtbaren Arbeit verrichtet, dann sind es Frauen. Vor der Pandemie, so eine Studie der OECD, verrichteten Frauen im Durchschnitt zweieinhalb Mal so viel unbezahlte Arbeit wie Männer. Auf einen Tag umgelegt kamen also auf eine unbezahlte Männerarbeitsstunde zweieinhalb Frauenarbeitsstunden. Den größten Unterschied gab es in Indien, wo Frauen im Durchschnitt sechs Stunden pro Tag unbezahlt arbeiteten, Männer hingegen nur 52 Minuten. Die geringsten Unterschiede wurden in Schweden, Dänemark und Norwegen festgestellt. In Deutschland arbeiteten Frauen vor der Pandemie im Durchschnitt eineinhalb Stunden länger als Männer (4 Stunden statt 2,5 am Tag). In Österreich lag der Unterschied sogar bei mehr als zwei Stunden (Männer arbeiteten etwas mehr als 2 Stunden am Tag unbezahlt, Frauen 4,5).[25]

Die Pandemie, so zeigt eine Studie des World Economic Forum, hat dieses Ungleichgewicht in vielen Weltregionen noch weiter verstärkt – auch in Europa.[26] Ein Grund dafür ist, dass die zusätzlich anfallende Betreuung von Kindern und betagten Verwandten in erster Linie von Frauen übernommen wurde. Während Schulen und Kinderbetreuungseinrichtungen geschlossen waren, reduzierten in Deutschland ganze 27 Prozent der davon betroffenen Frauen, aber nur 14 Prozent der betroffenen Männer ihre Erwerbsarbeitszeit, um Kinder zu betreuen.[27]

Obwohl Frauen also im Durchschnitt weit mehr Stunden arbeiten als Männer, haben sie einen ungleich kleineren Anteil an Einkommen und Vermögen, und zwar in nahezu allen Ländern der Welt. In Österreich lag der Unterschied bei den Vermögen einem Bericht der Arbeiterkammer aus dem Jahr 2020 zufolge bei 23 Prozent. In Deutschland ist das Alterseinkommen von Frauen um ganze 46 Prozent niedriger als jenes der Männer – in keinem anderen OECD-Land ist der Geschlechterunterschied bei den Renten so groß.[28]

Der oft gehörte Spruch, Leistung müsse sich lohnen, trifft auf unsere heutige Gesellschaft in Wahrheit also nicht zu. Viele derjenigen, die am meisten und am härtesten arbeiten, und deren Arbeit anderen Menschen viel Positives bringt, verdienen beschämend wenig. Oft müssen sie um ihr Recht auf faire Entlohnung und menschen-

Um aus dem Trott
auszubrechen und
etwas zu ändern,
braucht man
eine Vision
einer Zukunft,
für die es
sich lohnt,
in der Gegenwart
etwas zu verändern.

würdige Arbeitsbedingungen kämpfen. Obwohl in der Pandemie so viele Menschen für das Gesundheitspersonal applaudiert haben, warten Pflegekräfte oder Pädagoginnen immer noch vergeblich auf eine Verbesserung ihrer Situation.

Warum tun wir nichts dagegen? Warum lassen wir es zu, dass Vermögen und Einkommen in unserem Land so ungleich verteilt sind? Warum nehmen wir es achselzuckend zur Kenntnis, dass manche Menschen von ihrer Arbeit nicht leben können? Warum akzeptieren wir, dass Arbeit – die idealerweise als sinn- und wertvoll erfahren werden sollte – so viele Menschen krank macht? Jana Bacevic, die in England lebende Theoretikerin, der wir in diesem Kapitel schon einmal begegnet sind, hat eine Antwort auf solche Fragen: Um aus dem Trott auszubrechen und etwas zu ändern, braucht man eine Vision einer Zukunft, für die es sich lohnt, in der Gegenwart etwas zu verändern.[29] Auch wenn viele Menschen davon überzeugt sind, dass faire Bezahlung und gute Arbeitsbedingungen für alle wichtig sind – sie glauben nicht mehr daran, dass es ein funktionierendes System gibt, in dem dies möglich ist. Dabei liegt eine solche Vision eigentlich auf der Hand.

2

Neues erfinden: Was wir uns wünschen

Die nächsten Jahre werden die Ära einer »worker's world«, einer Welt, in der Arbeitnehmer*innen, nicht Arbeitgeber*innen, den Ton angeben, titelte die britische Zeitschrift THE ECONOMIST im April 2021. Ein wichtiger Grund dafür ist die sogenannte Alterung der Gesellschaft im Globalen Norden, die von Analysten und Unternehmensberaterinnen bereits als »demografische Dürre«[30] bezeichnet wird: jedes Jahr gehen mehr Menschen in Pension, als in den Arbeitsmarkt eintreten. Eine von fünf in der EU lebenden Personen ist heute bereits älter als 65 Jahre; im Jahr 2070 werden es fast eine von drei sein.[31]

Dies bedeutet, dass Unternehmen um einen immer kleiner werdenden Pool von Arbeitskräften konkurrieren und damit auch vermehrt auf deren Wünsche und Präferenzen eingehen müssen. Gleichzeitig bedeutet es aber auch, dass sich das Profil des typischen Arbeitnehmers verändert. Vor 100 Jahren lag das mediane Alter in Europa bei rund 25 Jahren – das heißt, die eine Hälfte der Bevölkerung unter 25 war, und die andere Hälfte über 25. Heute liegt dieser Wert bei 42,5 Jahren.[32] Mittlerweile gibt es viel mehr ältere Arbeitskräfte als junge. Arbeitgebende profitieren damit zunehmend vom Wissen und den sozialen

Kompetenzen erfahrenerer Arbeitskräfte, müssen aber auch immer stärker auf die Erfordernisse und Bedürfnisse älterer Beschäftigter eingehen.

Was bedeutet es also, in einer »worker's world« zu leben? Was wünschen sich Menschen, die einer Erwerbsarbeit nachgehen? Was macht Arbeit sinnvoll? Nach welchen Maßstäben gilt sie als fair entlohnt und gesellschaftlich anerkannt? Zugleich besteht Arbeit aber nicht bloß aus Erwerbsarbeit. Wenn wir eine weite Definition des Arbeitsbegriffs anwenden, dann ist die Frage nach »guter« Arbeit noch viel relevanter. Dann geht es darum, wie wir sicherstellen können, dass die Beiträge aller Menschen zu einer funktionierenden Gesellschaft sichtbar gemacht und entlohnt werden können – ob sie aus Erwerbsarbeit bestehen oder nicht. Letzteren Fragen wenden wir uns am Ende dieses und im nächsten Kapitel zu. Werfen wir jedoch zuvor einen Blick auf die Frage, was gute Erwerbsarbeit ausmacht.

A worker's world? Wünsche an die Erwerbsarbeit

2022 führte das Meinungsforschungsinstitut Gallup eine Umfrage unter über 13.000 Beschäftigten in den Vereinigten Staaten durch. Abgefragt wurde dabei, welche Faktoren bei der Entscheidung für eine neue Arbeitsstelle relevant waren. Die Ergebnisse der Studie zeigten, dass die wichtigsten Gründe, einen neuen Job anzunehmen, Bezahlung und Wohlbefinden (*wellbeing*) waren.[33] Daneben war es den Befragten auch wichtig, dass sie in ihrem Job ihre Stärken entfalten können und dass es ein möglichst hohes Maß an Jobsicherheit gibt. Der Stellenwert der Entlohnung war dabei in den Jahren vor der Befragung stark gestiegen. 2015 war Bezahlung nur der viertwichtigste Grund gewesen, einen neuen Job anzunehmen. 2022 war es der wichtigste. Ganze zwei Drittel der Befragten gaben an, dass bessere Bezahlung für sie der Hauptgrund sein würde, einen anderen Job anzunehmen.

Vor dem Hintergrund rasant steigender Kosten für Wohnen, Energie und andere Aspekte des täglichen Lebens ist das wenig überraschend. Und das ist natürlich nicht nur in den USA der Fall: Daten aus Deutschland und Österreich zeichnen ein sehr ähnliches Bild. Auffallend für Österreich ist, dass offene und ehrliche Kommunikation einer Umfrage des Meinungsforschungsinstituts Marketagent zufolge überhaupt die wichtigste Anforderung an Unternehmen war. 61 Prozent der

Befragten sagten, dass dies gerade in Krisenzeiten wichtig sei.[34] Generell gilt: Auch wenn ihnen Einkommens- und Jobsicherheit weiter wichtig sind,[35] jüngere Generationen stellen zunehmend immaterielle Werte in den Vordergrund. »Sabbatical statt Dienstwagen, flache Hierarchien statt Beförderungen, Selbstverwirklichung statt Gehorsam« – so fasst die FOCUS-Redakteurin Julia Kerner die Ergebnisse für die unter 40-Jährigen in einer 2018 durchgeführten Studie in Deutschland, Österreich und der Schweiz zusammen.[36] Auch die Werte, die innerhalb eines Unternehmens gelebt werden, sind den Jungen wichtig.[37]

Zwei Aspekte, die durch die Coronapandemie für Arbeitnehmer*innen jeden Alters in vielen Teilen der industrialisierten Welt wichtiger geworden sind, sind zeitliche und örtliche Flexibilität. Die Ausgangsbeschränkungen während der Pandemie haben dazu geführt, dass in jenen Branchen, in denen das Arbeiten von zu Hause möglich ist, viele Beschäftigte Erfahrungen mit Arbeit von zu Hause gesammelt haben. Und obwohl Homeoffice-Lösungen gerade für Menschen, die Betreuungspflichten haben oder in kleinen Wohnungen leben, nicht nur Vorteile haben, sind sie doch insgesamt sehr beliebt. Man spart sich den Weg zur Arbeit und kann sich die Abläufe oft selbstbestimmter einteilen.

Dabei ist es nicht so, dass alle Büroarbeiter*innen nur noch im Homeoffice arbeiten wollen würden. Für die meisten ist die ideale Situation eine Kombination aus Homeoffice und Arbeiten im Büro. Dabei sollte das Arbeiten im Büro jedoch nicht einfach bedeuten, dass man das, was man sonst am Küchen- oder Wohnzimmertisch zu Hause erledigt, plötzlich am Schreibtisch im Büro hinter verschlossener Türe tut – das wäre ein nur schlechter Anreiz für Angestellte, auch ins Büro kommen zu wollen. Das Büro der Zukunft, so sagen Fachleute, sollte ein Ort sein, der Interaktion, Austausch und auch Teambuilding fördert.

Neben der örtlichen Flexibilität, zu der wir in diesem Kapitel noch mal zurückkehren werden, ist vielen Menschen aber auch die zeitliche Flexibilität wichtig. Produktivität, so sagten uns auch Teilnehmende aus der SolPan-Studie, die ich an der Universität Wien leite, zum Leben in der Coronakrise immer wieder,[38] sollte nicht daran gemessen werden, wie viel Zeit jemand am Schreibtisch verbringt. Auch eine Studie aus den Vereinigten Staaten, die während der Coronapandemie durchgeführt wurde, zeigt, dass ganze

86 Prozent der Befragten gerne für ein Unternehmen arbeiten möchten, dem die Qualität der Ergebnisse wichtiger ist als das Arbeitsvolumen – insbesondere als die Zeit, die gearbeitet wird.[39]

Natürlich muss man hier Vorsicht walten lassen – Unternehmen könnten dies als Argument dafür verwenden, dass sie ihre Beschäftigten nach Ergebnissen bezahlen und nicht nach den gearbeiteten Stunden. Das würde bedeuten, dass die Mitarbeiter*innen alle Risiken tragen – auch jene, die sie nicht selbst kontrollieren können. Man kennt das von Lieferdiensten: Verkehrsbehinderungen, Zustellung im siebten Stock und der Lift ist kaputt? Den Mehraufwand trägt der Bote, die Bezahlung bleibt dieselbe. Wer nicht für die Arbeitszeit, sondern nur für das Ergebnis bezahlt wird – wie die erfolgten Lieferungen –, der hat in solchen Fällen eben Pech gehabt.

Für viele Menschen mit Bürojobs hätte ergebnisorientierte Bezahlung jedoch auch positive Aspekte: Sie müssten dann nicht mehr nur deshalb länger am Schreibtisch sitzen, damit die Chefin sieht, dass sie arbeiten, sondern würden vielleicht mit mehr Energie ihre Arbeit verrichten und dann etwas früher nach Hause gehen. Zudem bedeutet der Wunsch nach einer anderen Bemessung des Werts der Arbeit auch nicht immer, dass Menschen kürzer arbeiten wollen. Oft geht es darum, dass sie Kontrolle darüber haben möchten, wann sie was tun. Wer kennt das nicht aus dem eigenen Alltag? Ein bestimmtes Maß an Struktur haben wir alle gern, aber wenn jede einzelne Stunde des Tages fremdbestimmt ist, dann führt das zu Frustration, Ohnmacht und manchmal sogar zum Burn-out. Zudem arbeiten auch jene von uns, die Bürojobs haben, besser, wenn sie nicht den ganzen Tag in Sitzungen und Besprechungen verbringen, sondern dazwischen immer wieder auch Ruhe, Alleinsein und Zeit für freien, unstrukturierten Austausch mit anderen haben.[40] Wie viel man von jedem dieser Dinge braucht, ist individuell sehr unterschiedlich.

Aber natürlich können nicht alle Leute arbeiten, wann und wo sie wollen. Im Handel, in der Gastronomie und in vielen anderen Bereichen, wo regelmäßige Präsenz unabdinglich ist, ist das überhaupt nicht möglich. In vielen Jobs sind die einzelnen Arbeitsschritte zudem so stark miteinander verzahnt, dass Beschäftigte zu bestimmten Zeiten anwesend sein müssen. Für Straßenbahnfahrerinnen oder Krankenpfleger ist das Homeoffice keine Option. Aber auch die Vorgesetzten in Betrieben, in denen Menschen zwar im Büro, aber dort häufig in Teams arbeiten, können nicht einfach die Belegschaft selbst entscheiden lassen, wann sie ins Büro kommt. Der Nachtmensch würde die Frühaufsteherin überhaupt nicht mehr zu Gesicht bekommen. Verbesserungen des Status quo sind vielerorts jedoch trotzdem möglich. In vielen Betrieben und Organisationen sind etwa Kernarbeitszeiten festgelegt – ohne dass die Arbeitskräfte jedoch jemals gefragt wurden, wie es ihnen mit diesen Zeiten geht. Aber warum sollten sie eigentlich nicht darüber mitbestimmen dürfen? Ein gemeinsamer Austausch darüber, wann alle anwesend sein müssen und zu welchen Zeiten jede Person flexibel entscheiden kann, ob sie arbeitet oder nicht, würde für Beschäftigte in Büros bereits viel zur Verbesserung der Situation beitragen.

Und dann ist da natürlich noch die Wertschätzung. Denn der empfundene Sinn und Wert einer Arbeit ergibt sich nicht nur aus der Tätigkeit an sich, sondern auch daraus, wie diese Arbeit gesellschaftlich anerkannt und finanziell bewertet wird. Wenn jemand etwa Reinigungstätigkeiten verrichtet, dann trägt diese Person sehr viel zum

Der empfundene
Sinn und Wert
einer Arbeit ergibt sich
nicht nur aus
der Tätigkeit an sich,
sondern auch daraus,
wie diese Arbeit
gesellschaftlich
anerkannt und
finanziell
bewertet wird.

gesellschaftlichen Wohl bei – in den meisten Fällen mehr als etwa eine Person, die mit riskanten Finanzprodukten handelt. Es wird jedoch schwierig für diese Person sein, ihre Arbeit als sinnvoll anzusehen, wenn sie von ihrer Umgebung suggeriert bekommt, dass sie einen »Versagerjob« hat. Dass sie in der Reinigung tätig ist, weil sie nichts anderes kann. Die typischerweise sehr niedrige Entlohnung in dieser Branche – wenn die Arbeit überhaupt bezahlt ist, was der Großteil der Reinigungsarbeit, die Menschen verrichten, ja nicht ist, weil er »unsichtbar« in den eigenen vier Wänden passiert – stößt in dasselbe Horn. Die Person, die mit riskanten Finanzprodukten handelt hingegen, wird schon allein deshalb ihre Arbeit als sinnvoll erleben, weil sie viel Geld dafür bekommt. Die Höhe der Entlohnung bezahlter Arbeit spielt also auch eine Rolle, wenn es darum geht, den Sinn und Wert der Arbeit zu bestimmen.

Ob eine Arbeit als sinnvoll erlebt wird, hängt auch damit zusammen, ob einem das soziale Umfeld signalisiert, dass die Tätigkeit, die man verrichtet, wertvoll ist. Daten aus den USA zeigen, dass Personen in Sozial- und Gesundheitsberufen, aber auch in der Bildung und in der Rechtsbranche ihre Arbeit als am sinnvollsten erleben.[41] Es hängt also weniger damit zusammen, ob eine Arbeit »Spaß« macht – sondern damit, ob sie wertgeschätzt wird und man das Gefühl hat, damit einen positiven Beitrag für die Gesellschaft zu leisten. Auch Arbeit, die sehr stressig oder mühsam ist – wie der Job einer Lehrerin, eines Elementarpädagogen oder einer Krankenpflegerin –, wird als sinnvoll erlebt, wenn den Beschäftigten klar ist, dass sie damit etwas Nützliches tun. In Summe erleben heute allerdings kaum die Hälfte aller Beschäftigten ihren Job als sinnerfüllend und insgesamt befriedigend.[42]

In einer Befragung von insgesamt 14.000 unselbstständig erwerbstätigen Personen aus 37 Ländern der Welt zeigte sich, dass Arbeitnehmer insbesondere im Gastgewerbe und im Tourismus unzufrieden sind. Am zufriedensten sind jene, die in der Technologie- und Finanzbranche tätig sind. Bezüglich der Sinnfrage ist Österreich übrigens das Schlusslicht – nur rund 40 Prozent der Befragten empfinden ihre Arbeit als sinnvoll, das sind 20 Prozentpunkte weniger als im weltweiten Durchschnitt.[43] Das geflügelte Wort, dass die meisten Menschen, die kündigen, nicht das Unternehmen, sondern den Chef verlassen, spielt hier zweifellos eine wichtige Rolle. Ein menschlicher, fairer Vorgesetzter und auch Kollegen, die die eigene Arbeit anerkennen und wertschätzen, sind für viele Menschen sogar wichtiger als eine Gehaltserhöhung. Eine gute Kommunikationskultur und Entwicklungsmöglichkeiten im Unternehmen sind weitere wichtige Aspekte, damit sich Beschäftigte in ihrem Job wohlfühlen.

Dass viele Menschen lieber kündigen, als in einem Job zu verbleiben, der sie unglücklich oder gar krank macht, zeigen auch Daten aus den USA. Dort und in einigen anderen Teilen der westlichen Welt spricht man vom Phänomen der »Great Resignation«, also einer »großen Kündigungswelle« – die allerdings, wie der englische Begriff signalisiert, auch etwas mit einer inneren Resignation zu tun hat. Die Gründe dafür sind vielfältig: Neben einer Welle von Burn-outs und einem Kündigungs-Rückstau nach den ersten zwei Jahren der Pandemie, weil während des Lockdowns fast niemand kündigen wollte, haben sich auch die Werte und Prioritäten der Menschen verändert. Und dann gibt es noch einen vierten Grund für die »Große Resignation«, die sogenannte RTO-Regel: »return-to-office«. Viele Menschen, die während des Lockdowns von zu Hause gearbeitet haben, waren nicht bereit, wieder zurück ins Büro zu gehen. Zumindest nicht mehr als ein oder zwei Tage in der Woche.

Auch wenn es in unserem Teil der Welt keine »Große Resignation« in Form einer Kündigungswelle gibt, so taucht auch hier das Phänomen auf, dass Arbeitskräfte aus bestimmten Sektoren in andere abwandern oder dass der »natürliche« Abgang von Arbeitskräften nicht, wie es bisher zu erwarten gewesen wäre, durch neue Mitarbeiter*innen kompensiert wird. Fehlende Flexibilität ist dafür nicht der einzige Grund, aber er spielt eine Rolle. Nicht nur die Nähe des Arbeitsplatzes zum Wohnort ist vielen Menschen wichtig.[44] In jenen Branchen, wo dies prinzipiell möglich ist, ist auch die Option, manchmal von zu Hause zu arbeiten, für viele von Bedeutung. Trotz aller Nachteile ist das Homeoffice nämlich insgesamt auch hierzulande sehr beliebt. Man erspart sich das Pendeln – und damit Fahrtkosten, wobei der finanzielle Aspekt in Zeiten explodierender Energiekosten schwächer wird –, und man muss auch Kolleg*innen, die man vielleicht lieber nicht sehen möchte, nicht täglich begegnen. Zudem kann das Arbeiten von zu Hause auch die Produktivität steigern – und Beschäftigte sehen es als Zeichen des Vertrauens, wenn Vorgesetzte einer Homeoffice-Lösung zustimmen.[45] Letzteres kann sich dann übrigens wieder positiv auf die Firma oder die Organisation auswirken: Arbeitnehmer*innen, die ihre Führungskräfte als vertrauensvoll und unterstützend wahrnehmen, bleiben länger im Unternehmen.

Viele Unternehmen sind aber gerade bei örtlicher und zeitlicher Flexibilität etwas skeptisch. Das Homeoffice macht es jenen, die gerne ein bisschen absacken, noch leichter, ungesehen nichts zu tun. Oder? Ein Unterfangen des amerikanischen Patentamts wirft ein anderes Licht auf wichtige Aspekte dieser Frage.[46]

2006 führte das amerikanische Patentamt eine Homeoffice-Regelung ein, die es den Angestellten erlaubte, bis zu vier Tage in der Woche ohne Sondergenehmigung von zu Hause zu arbeiten. Weil man die Sache vorsichtig angehen wollte, probierte man diese neue Regelung zuerst mit einer Gruppe von 500 Personen aus. Die Produktivität dieser Beschäftigten sank keineswegs. Weil es so gut lief, ging man einige Jahre später noch einen Schritt weiter: Im Jahr 2021 führte das Patentamt eine sogenannte Work-from-anywhere-Regel (WFA) ein, die es Mitarbeiter*innen erlaubte, von jedem beliebigen Ort am amerikanischen Kontinent zu arbeiten. Der Strand in Hawaii war also tabu, aber sonst konnte man nun von fast überall die Arbeit erledigen – im Hotel in New York nach dem verlängerten Wochenende, bei den Schwiegereltern am Bauernhof in Ohio oder bei der Schwester in Montana. Die Produktivität der Beschäftigten stieg um 4,4 Prozent an. Ein zusätzlicher Vorteil war, dass das Patentamt Arbeitskräfte, die aus bestimmten Gründen umziehen mussten – etwa weil es der Beruf des Ehepartners verlangte oder weil es andere familiäre Gründe gab –, nicht verlor. Sie konnten ihren Job behalten und einfach ihre Arbeit von einem anderen Ort aus verrichten. Das Modell war so erfolgreich, dass die Autoren der Studie, mit der diese Maßnahmen evaluiert wurden, Unternehmen und Organisationen vorschlugen, WFA-Regelungen als Anreiz zu verwenden, um Arbeitskräfte zu rekrutieren oder zu behalten.

Natürlich kann man die Erfahrungen des amerikanischen Patentamts nicht eins zu eins auf andere Branchen oder andere Länder umlegen. Viele Berufe können gar nicht von zu Hause ausgeübt werden – für den Großteil der Angestellten eines Bäckereibetriebes wäre WFA ein schlechter Scherz. Außerdem stehen in manchen Ländern arbeitsrechtliche Bestimmungen einer solchen örtlichen Flexibilität im Weg. Die amerikanische Patentamt-Studie zeigt jedoch deutlich, dass viele Menschen, wenn man ihnen mehr Entscheidungsfreiheit darüber gibt, wo und wie sie arbeiten, nicht weniger, sondern besser arbeiten. Betriebe wären gut beraten, nicht einfach anzunehmen, dass ihre Mitarbeiter*innen faul werden, sobald man ihnen nicht ständig über die Schulter schaut. Gleichzeitig sollte man auch nicht mit religiösem Eifer vorschlagen, dass am besten alle dauerhaft im Homeoffice arbeiten sollen – weil sich die Firma dann etwa die Miete für große Büroräume und Energiekosten für das Heizen und Kühlen spart.

Die Wahrheit liegt also, wie so oft, in der Mitte: Motivierte Mitarbeitende wissen, wo sie selbst gut arbeiten. Für manche ist es der Garten des Elternhauses oder der Balkon der eigenen Wohnung, während andere den täglichen Kontakt mit dem Team im Büro schätzen und zu Hause vereinsamen würden. In jenen Branchen und in dem Ausmaß, in dem das möglich ist, soll man die Menschen einfach öfter selbst entscheiden lassen. Es gibt nicht immer einen guten Grund dafür, dass es am Arbeitsplatz hierarchisch zugehen muss – manchmal ist es einfach nur Gewohnheit.

Wie lang, wie kurz?

Das Thema Arbeitszeitverkürzung war in den letzten Jahren immer wieder auch politisch sehr aktuell. Bürger*inneninitiativen und Vorstöße von Arbeitnehmer*innenorganisationen fordern eine Verkürzung der Arbeitszeit. Und das nicht, wie von den Gegnern dieser Idee behauptet wird, weil es den Leuten zu gut geht und sie weniger arbeiten wollen. Auf einige wenige mag das zutreffen – für die Mehrheit geht es jedoch darum, dass die Beschleunigung des Lebens in den letzten Jahren zu mehr Stress und daraus resultierenden Krankheiten geführt hat. Statistisch gesehen hat mehr als eine bzw. einer von zehn Beschäftigten gesundheitliche Probleme, deren Ursachen in der Erwerbsarbeit liegen. Über Stress berichten noch viel mehr. Bei jenen Menschen, die etwa als Scheinselbstständige in arbeitsrechtliche Konstruktionen gedrängt wurden, die die Arbeitnehmerrechte umgehen, kommen häufig noch existenzielle Sorgen hinzu. Und für viele Menschen, die in fixen Arbeitsverhältnissen arbeiten, ist die Freizeit nur noch eine Zeitspanne, in der sie die

Hausarbeit verrichten, wichtige Besorgungen machen und sich gerade genug erholen, um am nächsten Arbeitstag wieder einigermaßen fit für den Joballtag zu sein. Viele Menschen möchten auch deshalb kürzer arbeiten, um ihre Arbeit erholter und besser verrichten zu können – und das erreicht man mit einer besseren Balance zwischen Zeit mit Familie und Freunden, Erholung und Zeit, die für die Arbeit reserviert ist.

Eine repräsentative Umfrage in Österreich im Sommer 2020, die wir im Rahmen des Coronapanels an der Uni Wien durchgeführt haben,[47] zeigte, dass mehr als die Hälfte der in Österreich lebenden Menschen eine Verkürzung der eigenen Arbeitszeit befürworten würden. Drei von zehn gaben an, ihre Wochenarbeitszeit sogar um mehr als einen Arbeitstag reduzieren zu wollen. Bemerkenswert an dieser Studie war, dass sie im ersten Pandemiejahr stattfand, also in einer Zeit, in der sich sehr viele unfreiwillig in Kurzarbeit befanden. Trotzdem unterschieden sich die Ansichten der Menschen in Kurzarbeit nicht von jenen, die nicht davon betroffen waren. Auch in Deutschland gibt es eine satte Mehrheit für kürzeres Arbeiten: 71 Prozent würden die rechtliche Möglichkeit begrüßen, die Wochenarbeitszeit auf vier statt fünf Tage zu verteilen. 59 Prozent sagen, dass sie auch selbst von dieser Möglichkeit Gebrauch machen würden. Besonders hoch ist die Präferenz einer Vier-Tage-Woche bei Arbeitnehmern im mittleren und höheren Alter.[48] Wie in Österreich würde auch in Deutschland eine Mehrheit eine absolute Verkürzung der Arbeitszeit befürworten – auch dann, wenn das Gehalt proportional dazu sinkt.[49]

Manche Initiativen zur Arbeitszeitverkürzung fordern einen vollen Lohnausgleich. Von den Arbeitnehmer*innenvertretungen wird dies oft als überspitzt dargestellt. Diese Forderung wirkt aber gleich weniger überzogen, wenn man bedenkt, dass Menschen in vielen Berufen heute mehr Arbeit in kürzerer Zeit verrichten – mit all den Nachteilen, die dies mit sich bringt. Stressbedingte Schlafprobleme oder andere gesundheitliche Symptome gehören dazu. Ein voller Lohnausgleich könnte insofern auch als eine gerechtere Kompensation für Arbeit gesehen werden, die viele ohnehin schon verrichten. Dazu kommt, wie im vorangegangenen Kapitel gezeigt, dass die Löhne schon seit vielen Jahrzehnten nicht mehr mit den Produktivitätssteigerungen mitgehalten

Die Volksweisheit, dass länger arbeiten nicht unbedingt bessere Ergebnisse bringt, ist übrigens mit Daten belegbar.

haben. Der wirtschaftliche Wohlstand wuchs, ohne dass die Einkommen der erwerbstätigen Menschen entsprechend gestiegen sind. Die Erträge der höheren Produktivität wurden stattdessen an die Aktionäre als Dividenden ausbezahlt. Eine Arbeitszeitverkürzung bei gleichbleibendem Lohn würde diese Ungerechtigkeit und den schleichenden Lohnverfall zumindest ein wenig ausgleichen.

Die Volksweisheit, dass länger arbeiten nicht unbedingt bessere Ergebnisse bringt, ist übrigens mit Daten belegbar.[50] Studien belegen, dass bei Menschen, die es gewohnt sind, weit mehr als 40 Stunden pro Woche zu arbeiten, die Produktivität steigt, wenn ihre Arbeitszeit verkürzt wird. Eine Studie der Stanford University aus dem Jahr 2014 hat ergeben, dass die Produktivität sinkt, wenn Menschen 50 Stunden pro Woche arbeiten.[51] Leider hält diese Evidenz viele Vorgesetzte trotzdem nicht davon ab, eine 50-Stunden- oder sogar eine 60-Stunden-Woche als Ausdruck eines guten Arbeitsethos zu sehen – zum Teil sehen das auch die arbeitenden Menschen selbst so. So stark ist die Idee in unserer Gesellschaft verankert, dass man sich durch besonders harte Arbeit ein gutes Leben »verdient«. Dass diese Erzählung mittlerweile längst zu einer Fiktion geworden ist, die auf immer weniger Menschen tatsächlich zutrifft, haben wir im ersten Kapitel erörtert.

Wie lang eine ideale Arbeitswoche sein soll, ist natürlich auch von individuellen und familiären Bedürfnissen und Umständen abhängig. Trotzdem gibt es ein paar allgemeine Orientierungspunkte. Einige Studien zeigen, dass sechs Stunden am Tag optimal für Wohlbefinden und Produktivität sind. Eine kürzere Arbeitswoche könnte übrigens nicht nur den arbeitenden Menschen, sondern auch den Firmen und Organisationen nutzen. Die höhere Produktivität gut erholter Beschäftigter bedeutet, dass sie weniger Fehler machen, besser mit anderen zusammenarbeiten und dadurch ganze Teams effizienter sind. Und dass es weniger Krankenstände gibt. Trotzdem hält sich die Idee in den Hirnen vieler sehr hartnäckig, dass der Wunsch nach kürzerer Erwerbsarbeitszeit Ausdruck von Faulheit oder anderer moralischer Untugenden ist. Auch das zeigt, wie sehr in den Köpfen vieler Menschen die Idee verankert ist, dass Arbeit mühselig sein oder sogar wehtun muss. In dieser Hinsicht haben wir das Mittelalter in den Köpfen noch nicht überwunden.

Auf dem Weg in eine bessere Gesellschaft: Ein ganzheitlicher Blick auf Arbeit und ihren Wert

In Anlehnung an die Philosophin Hannah Arendt kann man zwischen drei unterschiedlichen Arten von Tätigsein unterscheiden: Arbeiten, Herstellen und Handeln. Unter Arbeit versteht Arendt jene Tätigkeiten, die dem Fortbestand der menschlichen Gattung dienen. Kochen, Waschen und auch andere Tätigkeiten gehören dazu, die der Aufrechterhaltung des Lebens und des Alltags dienen. Ganz ähnlich wie es im europäischen Mittelalter der Fall war, sah auch Arendt Arbeit nicht als Ausdruck von Freiheit, sondern von Zwang, dem jeder Mensch von seiner Geburt bis zu seinem Tod notwendigerweise unterliegt.

Dem gegenüber beschreibt Arendt mit dem Begriff des Herstellens das kreative und handwerkliche Schaffen beständiger Dinge. Die Tätigkeit von Handwerker*innen oder Kunstschaffenden, aber auch viele Bereiche der Sorgearbeit fallen unter diesen Begriff. Das Herstellen ist für Arendt jene Form des Tätigseins, die uns Menschen von Tieren unterscheidet. Im ersten Kapitel wurde schon darauf hingewiesen: Auch Tiere »arbeiten« in dem Sinne, dass sie ihr eigenes und das Überleben der Art zu sichern versuchen. Die Herstellung geistiger, künstlerischer oder beständiger handwerklicher Dinge ist allerdings uns Menschen eigen. Wer also ein Gemälde malt, eine Geschichte niederschreibt oder einen Kasten baut, der tut mehr, als bloß zu überleben.

Und dann nennt Arendt noch eine dritte Form des Tätigseins, das »Handeln«, das den privaten und den öffentlichen Raum verbindet. Es ist unabhängig von den Bedürfnissen des Überlebens und auch vom kreativen oder handwerklichen Herstellen. Es bezeichnet die Art, wie Menschen der Welt gegenüber in Erscheinung treten. Denn wer und wie wir sind, offenbaren wir nicht allein durch Worte, sondern durch unser Handeln. Im Gegensatz zum Arbeiten und Herstellen kommt die Initiative des Handelns nicht von außen, sondern von innen. Das Singen im Chor, das Engagement bei einem Verein oder auch bei einer politischen Partei ist »Handeln« im Sinne Hannah Arendts.

Auch wenn es also große Unterschiede zwischen diesen drei Formen des Tätigseins gibt und uns alle in anderer Weise offenbaren und verändern, so gehörten doch alle drei zu einem aktiven menschlichen Leben.

Interessant in diesem Kontext ist auch die sogenannte 4-in-1-Perspektive auf Arbeit der Soziologin Frigga Haug.[52] Haug spricht von vier Dimensionen des Lebens, die das Tätigsein der Menschen zu ungefähr gleichen Teilen prägen sollen: Erwerbsarbeit, Sorge- und Reproduktionsarbeit, kulturelle und Entfaltungsarbeit sowie politische Arbeit. Die kulturelle und die Entfaltungsarbeit, so Haug, sei ein Bedürfnis, das alle Menschen hätten und deren Befriedigung auch allen Menschen offenstehen müsse – und nicht nur jenen, die dafür bezahlen können.

Mit politischer Arbeit ist im Übrigen nicht nur die Mitgliedschaft oder Aktivität in politischen Parteien gemeint, sondern das aktive Mitwirken an der Gestaltung der Gesellschaft über die Ausübung des Wahlrechtes hinaus. Es geht darum, dass alle Menschen mitentscheiden können, wie die Gesellschaft gestaltet ist, in der sie leben.

Auch wenn Arendt und Haug hier teils andere Trennlinien zwischen unterschiedlichen Formen des Tätigseins ziehen, so betonen doch beide zwei Dinge: Erstens, dass sowohl mühsame und schwierige Tätigkeiten, die regelmäßig erledigt werden müssen, um das Leben und Überleben zu ermöglichen, als auch das kreative, handwerkliche und soziale Tätigsein zur Arbeit gehören. Weder Arendt noch Haug reduzieren Arbeit auf Erwerbsarbeit. Zweitens geht es insbesondere Haug darum, zu betonen, dass Menschen an all diesen Tätigkeiten beteiligt sein sollen – und nicht nur politische Arbeit leisten und alles andere auslagern (oder umgekehrt). Zu einem guten Leben – sowohl für die einzelnen Menschen als auch für die Gesellschaft – gehören verschiedene Formen der Arbeit.

Wenn wir vor diesem Hintergrund nun die Frage stellen, was eine »worker's world« ausmacht, dann geht es nicht nur um Homeoffice, Arbeitszeitverkürzung und selbstbestimmtes Arbeiten. Es geht darum, welchen Wert wir welcher Arbeit in unserer Gesellschaft beimessen. Und darüber hinaus geht es um die Frage, wie es gelingen kann, dass wir auch jene Arbeit, die nicht die Form der Erwerbsarbeit nimmt, sichtbar machen und wertschätzen.

Arbeit fair bewerten

Ein wichtiger Aspekt der Arbeitswelt der Zukunft ist die Notwendigkeit, Arbeit fair zu bewerten. Dies muss sich einerseits in angemessener Entlohnung ausdrücken – und andererseits auch in gesellschaftlicher Anerkennung. Um die Sache noch etwas komplizierter zu machen: Diese beiden Dinge stehen natürlich miteinander in Verbindung. Schlechte Entlohnung kann man nicht einfach mit mehr Applaus wettmachen. Genauso wie wir den Preis mancher Konsumgüter – Autos, Mobiltelefone oder auch Lebensmittel – als Indikator dafür sehen, wie wertvoll sie sind, wird die Entlohnung unserer Arbeit oft als Gradmesser ihres Wertes gesehen. Dass da etwas verrutscht ist – weil gerade einige der wichtigsten und wertvollsten Tätigkeiten in unserer Gesellschaft nicht besonders gut entlohnt werden –, haben wir schon thematisiert. Aber wie würde denn eine faire Entlohnung aussehen, die sich auch in gesellschaftlicher Anerkennung für wertvolle Arbeit widerspiegelt?

Im Rahmen meiner Lehrveranstaltungen zur Zukunft der Arbeit an der Universität Wien stelle ich diese Frage regelmäßig meinen Studierenden. Fast immer sind sich alle einig, dass nicht jede Erwerbsarbeit gleich entlohnt werden soll. Weniger Einvernehmen findet sich bei der Frage, welche Art von Jobs denn besser bezahlt werden sollten als andere. Einige Studierende nennen als Erstes die Verantwortung, die jemand in seinem

Beruf trägt, als Indikator des Wertes der Arbeit. Der Chef eines großen Unternehmens oder eine Ministerin müsse ein höheres Gehalt bekommen als ein Verkäufer in einer Bäckerei – weil ja viel mehr schiefgehen kann. Weil man in diesen Positionen Verantwortung für zahlreiche Beschäftigte trägt und viel öfter auch die Arbeit mit nach Hause nehmen muss – zumindest im Kopf.

Klingt einleuchtend, oder? Zumindest so lange, bis man sich überlegt, warum ein Geschäftsführer in einem mittelständischen Unternehmen in Deutschland im Jahr durchschnittlich 130.000 Euro verdient,[53] zuzüglich eventueller Prämien, Dienstwagen und anderer Goodies, während eine erfahrene Kindergartenpädagogin gerade mal ein Drittel davon bekommt. Obwohl die Kindergartenpädagogin häufig Verantwortung für mindestens ebenso viele Menschen trägt wie besagter Geschäftsführer. Und vermutlich nehmen beide ebenso häufig Arbeit mit nach Hause, ob in der Tasche oder im Kopf. Die Verantwortung allein ist es also nicht.

Das sehen die meisten meiner Studierenden auch so. Aber für manche Jobs benötigt man nun einmal besondere Fähigkeiten und Talente, sagt dann meist irgendjemand. Eine Konzertpianistin, eine Spitzensportlerin oder ein Schauspieler kann nicht jeder werden. Solche Fähigkeiten kann man nicht einfach lernen. Das stimmt natürlich! Aber bedeuten die Top-Gagen, die Fußball- oder Serienstars bekommen, wirklich, dass ihre Arbeit so viel mehr wert ist als die Arbeit der anderen? In vielen Fällen millionenfach mehr wert?

Die Antwort liegt zu einem erheblichen Teil in den ökonomischen Prozessen der Wertschöpfung, in die diese Berufe eingebettet sind. Beim Fußballstar ist es verkürzt gesagt die Kommerzialisierung dieses Sports, die für die hohen Gagen verantwortlich ist: Ein Top-Fußballspieler ist nicht nur deshalb so viel *wert*, weil er gut Fußball spielt, sondern weil der Verein durch ihn Fernsehrechte und Fanartikel teuer verkaufen kann. Auch bei anderen hoch bezahlten Berufen handelt es sich nicht bloß um die Vergütung von Arbeit, die man nur mit einem großen Talent verrichten kann, sondern um eine Mischung aus Begabung, harter Arbeit und Glück, zur richtigen Zeit am richtigen Ort gewesen zu sein. Manchmal geht es einfach darum, die richtigen Leute zu kennen.

Als Nächstes nennen meine Studierenden dann meist die Dauer der Ausbildung. Wer länger in der Ausbildung bleibt, beginnt erst später damit,

Geld zu verdienen und hat länger höhere Kosten, höre ich. Dieser relative Einkommensnachteil, der bei der Ausbildung zu manchen Berufen – man denke an Chirurginnen, Instrumentenbauer oder Universitätsprofessorinnen – viele Jahre dauert, sollte später durch ein höheres Gehalt in diesen Berufen wieder ausgeglichen werden. Auch das klingt einleuchtend und ist bis zu einem gewissen Grad auch gerechtfertigt. Dass eine Person, die beispielsweise eine Ausbildung als Sanitärtechnikerin absolviert hat, mehr verdient als ihr Bruder, der seit seinem 16. Lebensjahr als Küchenhilfskraft Geld verdient, scheint fair.

Weit weniger plausibel sind die Einkommensunterschiede zwischen unterschiedlichen Branchen. So verdienten etwa zum Ende des zweiten Pandemiejahres die Vorstände großer börsennotierter Firmen in Österreich in fünf Tagen so viel wie ein durchschnittlicher Arbeitnehmer im ganzen Jahr.[54] Das war übrigens genau zu der Zeit, als öffentlich breit darüber diskutiert wurde, wie sehr »die Wirtschaft« unter der Pandemie leidet, und großzügige Unternehmenshilfen ausbezahlt wurden. Verstehen Sie mich nicht falsch: Es ist richtig, kleine und mittelständische Unternehmen zu unterstützen. Aber hier wurde mit der Gießkanne verteilt – auch an jene, die die Hilfe nicht benötigt haben. »Die Wirtschaft« im Allgemeinen verdient anscheinend unsere Unterstützung. Bei den Arbeitnehmer*innen hingegen schreit irgendjemand immer gleich auf, wenn etwas mit der Gießkanne verteilt werden soll. Da muss jegliche Förderung »treffsicher« sein.[55]

Genau das – also treffsicher – sind Einkommen heute allerdings nicht. Zumindest nicht, wenn es um Leistung geht. In den Vereinigten Staaten, dem Land mit den größten Einkommensunterschieden aller industrialisierten Länder, verdienten im Jahr 2020 die obersten 20 Prozent der Bevölkerung mehr als die Hälfte (52,2 Prozent) des gesamten Einkommens im Land. Ihr durchschnittliches Haushaltseinkommen betrug 446.030 Dollar. Die Reichsten der Reichen, die obersten fünf Prozent, verdienten fast ein Viertel (23 Prozent) des gesamten Einkommens. Auf die untersten zwanzig Prozent entfielen hingegen nur drei Prozent des Gesamteinkommens der Nation. Das durchschnittliche Haushaltseinkommen der Geringstverdienenden betrug 14.589 Dollar[56] und liegt damit weit unter der Armutsgrenze, die im selben Jahr für eine vierköpfige Familie bei 26.496 Dollar lag.[57]

Dazu haben die meisten Geringverdienenden in den USA keine Kranken- oder Pensionsversicherung. Auch das erklärt die höheren Sterberaten ärmerer Menschen – nicht nur an COVID-19, sondern auch an Krebs, Herz-Kreislauf- und Suchterkrankungen.

Und die Schere geht in schnellem Tempo weiter auf: Im Pandemiejahr 2020 wuchsen die Einkommen des einen Prozent der Bestverdienenden in den Vereinigten Staaten um 179 Prozent, während die Gehälter der 90 Prozent Geringerverdienenden durchschnittlich um 1,7 Prozent anstiegen.[58] Wenn also ein Manager 2019 noch eine Million Dollar im Jahr verdient hatte, dann wäre sein Gehalt in dem einen Jahr um ganze 1.790.000 Dollar gewachsen. 2020 hätte er also 2 Millionen und 790.000 Euro verdient. Ein deutscher Durchschnittsverdiener[59] hätte im selben Zeitraum einen Einkommensgewinn von 836 Euro gehabt – er würde also statt 49.200 knapp über 50.000 Euro im Jahr verdienen.

Das Haushaltseinkommen der Gutverdienenden in den Vereinigten Staaten ist 30-mal so hoch wie das der Schlechtverdienenden. Auch wenn der Unterschied in unseren Breiten nicht ganz so krass ist: Die Ausbildungsdauer der betroffenen Berufe kann diese Unterschiede nicht erklären. Was ist es dann?

Die Unterteilung von Berufen des amerikanischen Technologieexperten Yonatan Zunger, der 14 Jahre lang bei Google arbeitete, bevor er in einem anderen Start-up im Silicon Valley landete, zeigt, wie tief diese Unterschiede in unsere Gesellschaft eingeschrieben sind. Zunger unterscheidet zwischen vier Typen von Jobs:[60] Der erste Typ ermöglicht es Leuten, sich ein Stück des gesellschaftlichen Reichtumskuchens abzuschneiden. Dazu gehören zum Beispiel Investment-Banker oder Schönheitschirurginnen. In die zweite Gruppe fallen jene Jobs, in denen das Angebot knapp ist, weil es wenige Menschen gibt, die die entsprechende Arbeit tun können. Darunter fallen die Konzertpianistin, die Spitzensportlerin oder auch Zunger selbst – als Softwareentwickler. Die dritte Gruppe umfasst »normale« Jobs, die keiner anderen Gruppe zugerechnet werden können. In der vierten Gruppe sind jene Jobs, die niemand machen will – und die nur deshalb getan werden, weil Menschen ein Einkommen brauchen.

Eine Gesellschaft, die die Arbeit aller Menschen würdigt und fair entlohnt – im weitesten Sinn des Wortes –, sieht anders aus. Eine solche

Gesellschaft würde zuallererst die Tätigkeiten aller Menschen, die etwas zum Wohl anderer Menschen oder zum Schutz der natürlichen Umwelt beitragen, als Arbeit sehen. Damit würde auch die unbezahlte Sorgearbeit, Kulturarbeit und politische Arbeit (im Sinne Frigga Haugs) als Arbeit anerkannt und entsprechend entlohnt.

Dies bedeutet nicht, dass alle Formen dieser Arbeit – das Kochen für Familienmitglieder oder die Teilnahme an einem Chorwochenende – in bezahlte Arbeit umgewandelt werden müssen. Aber es bedeutet, dass der Pensionist, der seine Enkelkinder betreut, oder die alleinerziehende Mutter, die nach heutiger Ansicht »nicht arbeitet«, weil sie keiner Erwerbsarbeit nachgeht, als arbeitende Menschen gesehen werden. Ihr Beitrag zur Gesellschaft wird gewürdigt, und es würde sichergestellt sein, dass sie in jeder Lebensphase genug haben, um ein würdevolles Leben zu führen.

Zusätzlich dazu wären in einer »worker's world« die Einkommensunterschiede zwischen den bestbezahlten und den am geringsten bezahlten Jobs nicht so groß wie heute. Auch hier geht es nicht darum, Ungleichheiten vollständig abzuschaffen – das wäre nicht möglich und auch gar nicht wünschenswert. Nicht jede Arbeit muss

Nicht jede Arbeit muss gleich entlohnt werden.
Aber es ist nicht einzusehen, dass die Einkommen mancher Menschen in schwindelerregendem Tempo steigen,
während andere arbeitende Menschen nicht genug haben, um ihren
Lebensunterhalt zu bestreiten.

gleich entlohnt werden. Aber es ist nicht einzusehen, dass die Einkommen mancher Menschen in schwindelerregendem Tempo steigen, während andere arbeitende Menschen nicht genug haben, um ihren Lebensunterhalt zu bestreiten. Die Entlohnung von Arbeit muss so gestaltet sein, dass sie einerseits den gesellschaftlichen Wert der Arbeit symbolisiert und andererseits sicherstellt, dass alle genug für ein würdevolles Leben haben. Wenn wir dies ernst nehmen, dann ist die faire Entlohnung von Arbeit nicht nur eine Sache derer, die die Erwerbsarbeit ihrer Beschäftigten bezahlen. Sie ist eine gesamtgesellschaftliche Verantwortung.

Auch wenn keine Gesellschaft dazu in der Lage sein wird, völlige Einigkeit darüber zu erzielen, welche Arbeit wie viel wert ist, wäre es schon ein Start, die Unterschiede in den Einkommen der Best- und Geringverdienenden zu verringern. Und dann gibt es noch eine sehr pragmatische Lösung dafür, jede Arbeit als Arbeit anzuerkennen und gleichzeitig die Möglichkeit für Menschen zu erhöhen, Arbeit, die sie krank und unglücklich macht, gegen Arbeit einzutauschen, die sie sinnvoll finden: nämlich die Einführung eines bedingungslosen Grundeinkommens.

Damit gäbe es in einer »worker's world« die vierte Art von Jobs, die Zunger beschreibt, gar nicht: Keine Arbeit wäre so schlecht bezahlt und hätte so schlechte Arbeitsbedingungen, dass Menschen sie nur machen, weil sie ansonsten nicht genug zum Leben haben.

Wie wir eine solche Gesellschaft realisieren können, davon handelt das letzte Kapitel.

3

Was wir brauchen: Gebrauchsanleitung für Utopien

Im vorangegangenen Kapitel haben wir uns mit der Frage beschäftigt, was alles unter den Arbeitsbegriff fällt, und welcher Wert Arbeit beigemessen werden sollte. Nun geht es um die größere Frage: Welche Rolle soll Arbeit in unserer Gesellschaft haben? Und welche Art von Gesellschaft fördert »gutes« Arbeiten, das weder die Menschen noch den Planeten kaputt macht?

Arbeit spielt eine zentrale Rolle im Leben der Menschen. Nicht nur im Leben derer, die einer Erwerbsarbeit nachgehen, sondern aller Menschen. Für die meisten von uns bestimmt Arbeit (im weiteren Sinn), wann wir aufstehen und zu Bett gehen, wann und mit wem wir essen, wann und wo wir einkaufen – und wie viel Geld wir zur Verfügung haben (zumindest für jene, die nicht von Kapitalvermögen leben). Sie bestimmt, wie wertvoll und nützlich sich viele Menschen fühlen und wie akzeptiert – oder nicht – in und von der Gesellschaft.

In Zeiten, in denen man sich Wege überlegt, wie unsere Gesellschaft grüner und nachhaltiger werden kann, ist es sinnvoll, bei diesen Überlegungen mit der Arbeit zu beginnen. Weil sie mit allen Tätigkeiten des Alltags und mit allen Bereichen unseres Lebens verwoben ist, ist sie der

Schlüssel zu einer weitergehenden Transformation unserer Gesellschaft.

Was gibt es da zu tun? Als Erstes brauchen wir einen breiteren Arbeitsbegriff. Es kann nicht sein, dass Menschen die zehn, zwölf oder mehr Stunden am Tag Familien- oder Betreuungsarbeit leisten, als »arbeitslos« oder sogar als faul angesehen werden. Zweitens muss Erwerbsarbeit fair bezahlt werden. Es gibt keine sachliche Rechtfertigung für die extremen Unterschiede bei der Höhe der Arbeitseinkommen – und auch nicht dafür, dass manche Tätigkeiten, die genauso wichtig und wertvoll sind wie andere, so schlecht bezahlt werden.

Es existieren weltweit viele Initiativen, die dafür eintreten, dass ein Teil der von Familienmitgliedern oder anderen Zugehörigen geleisteten unbezahlten Sorge- und Pflegearbeit in bezahlte Arbeit übergeführt wird. Dafür gibt es gute Gründe: Solange es noch kein bedingungsloses Grundeinkommen gibt, sind die Menschen, die diese Arbeit tun, weder sozial abgesichert noch formal als arbeitende Menschen anerkannt. Beides sind Probleme, die gelöst werden müssen. Zugleich bedeutet dies aber nicht, dass jede Form der Arbeit unbedingt und immer bezahlt sein muss oder soll: Dass jeder, der für die betagten Nachbarn einkaufen geht, dafür Geld bekommen muss, oder dass das Beaufsichtigen der Enkelkinder die Großeltern zu bezahlten und einkommenssteuerpflichtigen Dienstleistern macht. Eine solche Situation würde bedeuten, dass die Marktlogik alle Bereiche unseres Lebens dominiert. Auch wenn ein weiter Arbeitsbegriff, der alle Formen des Tätigseins für andere Menschen oder die Gesellschaft als Arbeit anerkennt, angelegt wird, so heißt das nicht, dass alle diese unterschiedlichen Formen des Tätigseins in einen Topf geworfen werden können oder sollen. Natürlich gibt es weiterhin unterschiedliche Typen von Arbeit: selbstständige und unselbstständige Arbeit, Vollzeit- und Teilzeitarbeit, Sorge- und Kulturarbeit. Und natürlich soll auch weiterhin sowohl Erwerbsarbeit als auch unbezahlte Arbeit verrichtet werden. Im Unterschied zu heute sollen jedoch auch Menschen, die einer anderen Arbeit als Erwerbsarbeit nachgehen, gut abgesichert sein.

Dieses prinzipielle Bekenntnis dazu, dass die Grundbedürfnisse aller Menschen gedeckt sein sollen – egal, was ihr Erwerbsstatus ist –, gibt es in unserer Gesellschaft bereits. Instrumente wie

Arbeitslosenversicherung, Mindestsicherungen, Mietkostenbeihilfen oder Zulagen für niedrige Pensionen haben allesamt dieses Ziel. Allerdings wissen wir, dass diese Instrumente nicht treffsicher sind. In Deutschland lebten 2020 über 13 Millionen Menschen unter der Armutsgrenze,[61] also rund 16 Prozent der Bevölkerung; in Österreich und in der Schweiz waren es ein paar Prozentpunkte weniger.[62] Zugleich gibt es viele, die Anspruch auf Mindestsicherung oder andere finanzielle Hilfen haben, diese jedoch nicht beantragen – in Österreich waren es vor der Pandemie ganze 30 Prozent der anspruchsberechtigten Haushalte.[63] Die Gründe dafür sind unterschiedlich. Manche Menschen können den meist komplizierten Behörden- und Papierweg nicht meistern. Andere haben Angst davor, schlecht behandelt oder als »Sozialschmarotzer« stigmatisiert zu werden.

Die Tatsache, dass soziale Sicherungssysteme nicht treffsicher sind, ist nicht allein einer mangelhaften Sozialpolitik geschuldet. Ein weiterer Grund dafür ist, dass sich die Arbeitswelt verändert hat. Die Grundlagen der heutigen Sicherungssysteme wurden in einer Zeit gelegt, als man davon ausging, dass Menschen (auch wenn man bei »Menschen« damals meist Männer vor Augen hatte) eine Ausbildung absolvieren, sich dann einen Job suchen, in dem sie bis zur Pensionierung verbleiben. Ehepartnerinnen und Kinder konnten mit dem Gehalt des »Ernährers« mit erhalten werden. Die Absicherung im Fall von Arbeitslosigkeit war als Hilfe in einer Ausnahmesituation gedacht. Der Begriff des »sozialen Netzes« symbolisiert den vorübergehenden Charakter dieser Hilfeleistungen: Wenn jemand von einem Balanceakt herunterfällt, wird er durch ein Netz aufgefangen. Dass man darin liegen bleibt, dafür ist es nicht gedacht – und auch nicht gemacht. Das Netz ist äußerst unbequem, wegen seiner mangelnden Stabilität und wegen seiner vielen Löcher – und das soll vielleicht auch gar nicht anders sein. Es handelt sich um ein Auffangnetz in einer akuten Krise und nicht um einen Ort, der zum Verweilen gedacht ist.

Dass Menschen ihre Jobs häufig wechseln, dass in manchen Familien zwei Einkommen nicht ausreichen, um die Lebenserhaltungskosten zu bestreiten, das war damals, als diese sozialen Netze gewebt wurden, noch nicht vorhersehbar. Ebenso wenig, dass es Scheinselbstständigkeit und »Nullstunden«-Verträge geben würde – also die in manchen Ländern völlig legale Situation, dass zwar die Vergütung der Arbeitsleistung festgesetzt ist, nicht aber das Arbeitsausmaß. Das erlaubt es den Arbeitgebern, ganz kurzfristig und je nach Auftragslage auf die Arbeitsleistung ihrer Arbeitskräfte zuzugreifen, die dann mehr oder weniger ständig auf Abruf bereitstehen müssen und niemals wissen, ob sie am Monatsende genug Geld verdient haben, um ihre Rechnungen zu bezahlen. Solche Konstruktionen dienen dazu, jene Arbeitnehmerrechte auszuhebeln, die bei ihrer Einführung noch als große Errungenschaft gesehen wurden – von den Arbeitnehmer*innen, weil es ihnen besser ging, und von den Arbeitgebenden, weil sie nicht ständig fürchten mussten, dass sich die Massen erheben könnten. Auch wusste man damals noch nicht, dass Automatisierung und Digitalisierung dazu führen würden, dass ganze Tätigkeitsfelder von Maschinen übernommen würden. Unsere sozialen Netze brauchen also auch deshalb eine Generalüberholung, weil sie für eine andere Welt geschaffen wurden als die, in der wir heute leben.

Wenn wir soziale Sicherungssysteme so gestalten wollen, dass sie in der heutigen Zeit wirklich sicher sind, dann müssen wir einen

Wenn wir soziale
Sicherungssysteme
so gestalten wollen,
dass sie
in der heutigen Zeit
wirklich sicher sind,
dann müssen wir
einen Schritt
weiter gehen:
Wir müssen die
Beziehung zwischen
Arbeit und Einkommen
neu denken.

Schritt weiter gehen: Wir müssen die Beziehung zwischen Arbeit und Einkommen neu denken. Aus dem Netz muss ein dicht gewebtes Tuch werden, das den Menschen, die darin aufgefangen werden, erlaubt, ihre Energien darauf zu verwenden, wie sie gut leben und arbeiten können – und sich eventuell auch umschulen lassen, anstatt sinnlose Bewerbungen zu schreiben, nur um das Arbeitslosengeld nicht zu verlieren.

Bismarck reloaded

Österreich, Deutschland und die Schweiz haben einen Wohlfahrtstaat, der manchmal als Bismarck-Modell bezeichnet wird. Der deutsche Reichskanzler Otto von Bismarck hatte Ende des 19. Jahrhunderts ein System sozialer Sicherungssysteme ins Leben gerufen, das allen arbeitenden Menschen Kranken-, Unfall- und Rentenversicherung gewähren sollte. Viele europäische Staaten folgten diesem Beispiel – und in vielen Ländern wurden in der Folge auch Arbeitslosenversicherungssysteme geschaffen.

Auch wenn diese historische Entwicklung heute häufig mit verklärtem Blick gesehen wird, ist es wichtig festzuhalten, dass Bismarck nicht aus rein humanistischen Motiven handelte. Mindestens ebenso wichtig war es, der erstarkenden Arbeiterbewegung den Wind aus den Segeln zu nehmen. Zugleich gelang es mit der Schaffung sozialer (Ver-)Sicherungssysteme, die Arbeiterschaft an die Wirtschaftsleistung zu binden. Auch daher rührt der Spruch: »Geht es der Wirtschaft gut, geht es allen gut.« Die Arbeiterschaft war nun von Krisen in derselben Art betroffen wie die Unternehmer und musste ein Interesse daran haben, dass es Letzteren gut geht. Damit wurde das revolutionäre Potenzial der selbstorganisierten Arbeiterschaft erfolgreich zerstört.

Wenn wir uns dies vor Augen halten, dann werden einige der Merkmale des sogenannten Bismarck-Systems verständlich. Ein wichtiges Kennzeichen des Wohlfahrtstaates nach dem Bismarck-Modell ist die Ableitung vieler Ansprüche von der Erwerbsarbeit. Viele Zahlungen werden über Beiträge finanziert, die automatisch mit Löhnen und Gehältern abgeführt oder im Verhältnis zu ihnen bemessen werden. Das passiert entweder direkt oder indirekt.

Bei Pensionist*innen leiten sich die Ansprüche aus der vergangenen Erwerbstätigkeit ab, und nicht erwerbstätige Mitglieder eines Haushaltes können mit erwerbstätigen Familienmitgliedern gemeinsam krankenversichert werden. Wer auch über diese Mechanismen keinen Anspruch hat, kann sich selbst versichern, und bei jenen, für die auch dies nicht möglich ist, sorgt der Staat dafür, dass ihre Grundbedürfnisse befriedigt sind – dass sie Zugang zur Krankenversorgung haben, nicht verhungern und ein Dach über dem Kopf. Es ist also nicht so, dass nur Menschen, die gerade aktuell erwerbstätig sind, abgesichert sind. Das Grundprinzip ist jedoch, dass sich – von wenigen Ausnahmen abgesehen – Ansprüche zumindest indirekt auf Erwerbsarbeit zurückführen lassen. Wer Erwerbsarbeit leistet, ist ein produktives Mitglied der Gesellschaft und verdient es, abgesichert zu sein. Dieses Werturteil ist damit bereits in die Wurzeln des Wohlfahrtstaates Bismarckscher Prägung eingeschrieben. Die »Heilung der sozialen Schäden«, schrieb Kaiser Wilhelm I. in einer »Kaiserlichen Botschaft« im Jahr 1881, erfordere die »positive Förderung des Wohles der Arbeiter«. Versicherung gegen Betriebsunfälle, gegen Krankheit, Alter und Invalidität seien notwendige Absicherungen der Arbeiterschaft gegen das Risiko der Erwerbsunfähigkeit.[64] Die Grundidee war also, dass nur Menschen, die entweder erwerbstätig sind oder ohne eigene Schuld keiner

Erwerbstätigkeit nachgehen können – weil sie zu alt, krank oder invalide sind –, staatliche Fürsorge zuteil werden sollte.

Dieses Modell ist aus einem weiteren Grund nicht mehr zeitgemäß. Es setzt implizit voraus, dass alle, die einer Erwerbsarbeit nachgehen möchten – und sich auf diese Weise auch soziale Absicherung (im wahrsten Sinn des Wortes) verdienen –, dies auch tun können. Diese Situation ist eine völlig andere als jene, vor der wir heute stehen. Auch wenn man heute fast überall in der Welt vom Arbeitskräftemangel spricht, ist es keineswegs so, dass alle Menschen, die dies möchten, einen Job finden, von dem sie leben können. Bereits vor der COVID-19-Pandemie wurde prognostiziert, dass durch Digitalisierung und Automatisierung in den nächsten zehn bis fünfzehn Jahren ein beträchtlicher Teil aller heute existierenden Jobs verschwinden wird.

Für den deutschsprachigen Raum gehen Studien davon aus, dass die Automatisierung zwischen 2018 und Mitte der 2030er-Jahre zu einem Verlust von über einem Drittel (34 Prozent in Österreich und 37 Prozent in Deutschland) der existierenden Arbeitsplätze führen wird.[65] In der Schweiz sollten bis 2030 ein Fünftel oder sogar ein

Viertel der Arbeitsplätze durch Maschinen ersetzt werden können.[66] Die Coronapandemie hat diesen Trend noch verstärkt:[67] Viele der Arbeitskräfte, die man während der Lockdowns nach Hause schickte, kamen nicht mehr zurück. Während einige auf eigene Initiative in andere Sparten abwanderten, wurden andere durch Maschinen ersetzt: Maschinen werden nicht krank und stellen auch kein Infektionsrisiko dar. In manchen Branchen hat aber einfach auch »nur« der Umstieg auf digitale Kommunikation während der Pandemie gezeigt, dass es auch ohne menschliche Präsenz geht – so checkt man jetzt in noch mehr Hotels bei Automaten statt bei Menschen ein. Und in wieder anderen Bereichen hat die künstliche Intelligenz in den vergangenen Jahren einfach so große Fortschritte gemacht, dass es fast absurd wäre, sie nicht zu nutzen. In unserem Forschungsgebiet war es beispielsweise bisher immer üblich, Studierende oder andere Personen dafür zu bezahlen, Interviews von Tonaufnahmen zu transkribieren. Heute macht das die künstliche Intelligenz ebenso gut – und »gratis«.

Natürlich sind nicht alle Jobs gleichermaßen vom Risiko der Automatisierung betroffen: Jobs mit vorhersagbaren, routinemäßigen Abläufen können einfacher automatisiert werden als andere. Viele dieser Arbeitsplätze sind im Niedriglohnbereich angesiedelt, wie etwa Fließbandarbeit. Gleichzeitig gibt es zahlreiche Berufe, die schlecht bezahlt werden und wenig formale Bildung oder Ausbildung brauchen, aber trotzdem nicht automatisiert werden können, wie zum Beispiel Pflegearbeit. Gleichzeitig wird auch einigen sehr gut bezahlten Berufen für hoch gebildete Menschen ein hohes Automatisierungsrisiko zugeschrieben, Radiologinnen oder Richter fallen etwa darunter.

Das höchste Automatisierungsrisiko schreibt eine Studie der OECD Arbeitskräften in der Landwirtschaft, Bekleidungsindustrie, in den Kurierdiensten und in der Industrie zu.[68] Letzteres ist auch der Grund dafür, dass Studien zufolge in Deutschland deutlich mehr Jobs von der Automatisierung bedroht sind als in anderen reichen Ländern: In Deutschland gibt es noch mehr Industriearbeitsplätze, während etwa in Japan eine große Anzahl von Tätigkeitsbereichen bereits vor Jahren automatisiert wurde. Einen weiteren Unterschied findet man zwischen hochindustrialisierten Ländern des Globalen Nordens, in denen die meisten Jobverluste in der Industrie und im Bereich der Büroarbeit erwartet werden, und Schwellenländern, in denen besonders viele Arbeitsplätze in der Landwirtschaft verloren gehen sollen – ein Prozess, der im Globalen Norden schon früher stattgefunden hat.

Obwohl für Männer und Frauen insgesamt ähnlich große Jobverluste prognostiziert werden, soll dies jeweils andere Sparten betreffen. So gehen Studien davon aus, dass 40 Prozent der erwarteten Jobverluste von Männern die Bereiche der Maschinenbedienung und des Handwerks betreffen. Frauen hingegen sollen eher durch Verluste auf dem Gebiet der routinemäßigen geistigen Arbeit betroffen sein, zum Beispiel im Büroarbeits- und Dienstleistungsbereich. Dort werden über die Hälfte (52 Prozent) der Jobverluste für Frauen erwartet.[69] Ein sehr geringes Automatisierungsrisiko besteht für Lehrkräfte (28 Prozent) und Führungskräfte – also jeweils eine von Frauen und eine von Männern dominierte Berufssparte. Der deutsche Ökonom Klaus Schwab, geschäftsführender Vorsitzender des Weltwirtschaftsforums, sprach in diesem Zusammenhang von einer von Digitalisierung und Automatisierung getriebenen »vierten industrielle Revolution«,[70] die gemeinsam mit den drei vorhergegangenen industriellen Revolutionen – bei denen Wasser und Dampfkraft, Elektrizität und Informationstechnologie im Vordergrund standen – die Grundfeste unserer Wirtschaft und Gesellschaft radikal verwandeln wird.

Nicht alle sehen die Zukunft der Arbeit so drastisch: Eine der Grundannahmen, die vielen pessimistischen Prognosen zugrunde liegt, ist die Vorstellung, dass es eine begrenzte Anzahl von Arbeitsplätzen gibt, die in der Bevölkerung verteilt werden müssen. Wenn einige dieser Arbeitsplätze von Maschinen übernommen werden, dann führt dies zwangsläufig zu wachsender Arbeitslosigkeit – solange die Weltbevölkerung nicht abnimmt. Diese Annahme wird von kritischen Stimmen jedoch als »Arbeitsklumpen-Fehlschluss« (*lump of labour fallacy*) bezeichnet: Die zur Verfügung stehende Arbeit ist eben kein Klumpen, der über die Jahre und Jahrzehnte stabil bleibt. Wie die Geschichte gezeigt hat, hat es immer schon Wellen der Automatisierung gegeben, die kurzfristig zu Jobverlusten geführt haben. Mittel- und langfristig entstehen durch Automatisierung und Digitalisierung auch neue Arbeitsplätze.

Der Ersatz menschlicher Arbeitskraft in der Landwirtschaft im 19. sowie in der ersten Hälfte des 20. Jahrhundert beispielsweise hatte dazu geführt, dass viele ehemals in diesem Sektor Beschäftigte in die Industrie und später auch in den Dienstleistungssektor abwanderten. Auch die Erfindung der Bankomaten führte nicht zu Massenkündigungen in der Bankbranche. Bankangestellte, die früher mit der Auszahlung von Geld beschäftigt waren, tun heute einfach andere Dinge: Sie führen Beratungen durch und verkaufen Anlagepläne. Zudem gibt es heute viele Berufe, die sich noch vor einigen Jahrzehnten niemand vorstellen konnte: Web-Designer, Pilates-Trainer oder Fahrradboten, die Essen nach Hause liefern. Der Kassierer im Supermarkt wird vielleicht durch eine automatische Kasse ersetzt, so sagen die Pessimist*innen.

Der Mensch, der durch die Automatisierung seinen Job verliert, wird jedoch neue Möglichkeiten zur Erwerbsarbeit haben – etwa als Einkaufshilfe für ältere Menschen –, das ist die Sichtweise der Optimist*innen auf dieses Beispiel. In einer Gesellschaft, in der die Bevölkerung immer älter wird, wird uns die Arbeit sicher nicht ausgehen, heißt es. Das World Economic Forum prognostiziert gar einen Nettozuwachs von zwölf

Millionen Jobs weltweit – auch wenn es genau genommen meist nicht die Automatisierung ist, die die neuen Arbeitsplätze schafft, sondern das durch die gesteigerte Produktivität ausgelöste Wachstum.[71]

Pessimist*innen und Optimist*innen unterscheiden sich also in ihrer Antwort auf die Frage, wie sich Automatisierung und Digitalisierung mittel- und langfristig auswirken. In einem sind sie sich jedoch einig: Kurzfristig werden Arbeitsplätze verloren gehen. Im Gegensatz zu früheren Wellen der Automatisierung, die viele Menschen in die Neue Welt hat auswandern lassen, steht diese Möglichkeit den meisten Menschen, die von Jobverlust betroffen sind, heutzutage nicht offen. Der 50-jährige Fließbandarbeiter aus Niedersachsen, dessen Arbeit nun von einer Maschine gemacht wird, kann nicht einfach sein Glück in Neuseeland versuchen. Die Näherin aus Bangladesch kann das noch viel weniger.

Auch das sogenannte »upskilling«, das in der Fachliteratur typischerweise als Lösung für das Problem der Verdrängung menschlicher Arbeitskraft durch Maschinen vorgeschlagen wird, ist für manche Menschen keine Option. »Upskilling« bedeutet, sich umschulen zu lassen oder

Anstatt vor Roboterapokalypse zu warnen und den Menschen zu sagen, sie sollten sich doch bitte »upskillen«,

[...]

muss die Politik die Bedingungen dafür schaffen, dass alle Menschen genug für ein würdevolles Leben haben.

sich selbst weiterzubilden, sodass man in einem Mangelberuf beschäftigt werden kann (das »Arbeit-von-Morgen«-Gesetz in Deutschland etwa trägt diesem Ansatz Rechnung). Zu den Mangelberufen gehören beispielsweise Fachkräfte im Metall- und Gartenbau, aber auch im Pflege- und Gesundheitsbereich. Aber nicht alle können die Fähigkeiten erlernen, die eine Geburtshelferin, ein IT-Spezialist oder eine Fertigungstechnikerin braucht. Selbst für die Menschen, die dies können, braucht die Umschulung Zeit. Was machen diese Menschen während der Monate oder sogar Jahre, die die Ausbildung zur IT-Fachkraft oder zum Physiotherapeuten in Anspruch nimmt? Dazu kommt, dass der Dschungel an Leistungen und Maßnahmen, von Weiterbildungszuschüssen über Kurzarbeit bis hin zum Arbeitslosengeld, ungeheuer kompliziert und bürokratisch ist.

Stabile Erwerbstätigkeit als Schlüssel zu Einkommen und Absicherung: Ist das noch zeitgemäß?

Das Resultat dieser Entwicklungen ist eine Gesellschaft, in der all jene Menschen, die jene Fähigkeiten nicht haben oder nicht erwerben können, die eine digitalisierte Gesellschaft und ein automatisierter Fertigungsbereich benötigen, am Arbeitsmarkt keinen »Wert« mehr haben. Während es für die Hochqualifizierten vermutlich immer einfach sein wird, einen guten und gut bezahlten Job zu finden, wird es auch eine Gruppe von Menschen geben, für die dies nahezu unmöglich wird. Hier ist die Politik gefordert. Anstatt vor Roboterapokalypse zu warnen und den Menschen zu sagen, sie sollten sich doch bitte »upskillen«, um weiterhin am Arbeitsmarkt wettbewerbsfähig zu bleiben, muss die Politik die Bedingungen dafür schaffen, dass alle Menschen genug für ein würdevolles Leben haben. Und dass sie es sich auch leisten können, einer Arbeit nachzugehen, die sie gerne und gut tun können.

Die Grundidee dafür, wie das geht, habe ich in meinem 2020 erschienenen Buch VOM WERT DES MENSCHEN detailliert ausgeführt. Die Gespräche, die ich seitdem mit vielen Menschen in sehr unterschiedlichen Lebenslagen und mit den unterschiedlichsten politischen Meinungen und Einstellungen geführt habe, haben meine Überzeugung vertieft, dass ein bedingungsloses Grundeinkommen einen unentbehrlichen Teil der Lösung darstellt. Gleichzeitig habe ich in diesen Gesprächen viel gelernt – darüber, wovor sich manche Menschen fürchten, was sie sich wünschen und wie man das Ziel, allen genug für ein würdevolles Leben zu geben, ohne damit den Sozialstaat auszuhöhlen oder die Rolle von Arbeit in unserer Gesellschaft abzuwerten, erreichen kann.

Weg mit den Scheuklappen

Obwohl die Idee eines bedingungslosen Grundeinkommens immer größeren Zuspruch findet, gibt es nach wie vor sehr viele, die mit diesem Begriff nichts Positives verbinden. Bevor wir auf die Mythen eingehen, die sich um dieses Thema ranken, sehen wir uns kurz an, was der Begriff konkret bedeutet. Ein bedingungsloses Grundeinkommen hat vier Eigenschaften: Erstens steht es allen Menschen zu (»universell«) und ist nicht nur auf bestimmte Bevölkerungsgruppen beschränkt, wie etwa auf Kinder oder auf Personen, die keine Erwerbsarbeit finden können. Die einzige Einschränkung ist, dass man in dem Land wohnt, in dem das Grundeinkommen ausbezahlt wird: Die meisten Modelle sehen vor, dass man für eine bestimmte Zeitspanne seinen Hauptwohnsitz oder seinen Lebensmittelpunkt im Inland gehabt haben muss. Das bedeutet, dass die 24-Stunden-Betreuerin aus Rumänien, die im vergangenen Jahr mehr als sechs Monate in unserem Land gelebt hat, bezugsberechtigt wäre, aber der Tourist aus Shanghai nicht. Das zweite Merkmal eines bedingungslosen Grundeinkommens ist, dass es – wie der Name schon sagt – an keine Bedingungen geknüpft ist. Wer einmal bezugsberechtigt ist, kann das Grundeinkommen nicht mehr verlieren. Auch nicht dann, wenn sich wesentliche Lebensbedingungen verändern – wenn man etwa eine besonders lukrative Erwerbsarbeit bekommt, wieder bei den Eltern einzieht oder Subsistenzbäuerin wird. Drittens ist das bedingungslose Grundeinkommen ein individueller Anspruch und nicht etwas, das pro Haushalt ausbezahlt wird – damit jede Person für sich entscheiden kann, wie sie lebt, und nicht von dem*der Partner*in, Kindern oder Eltern abhängig ist. Viertens muss ein bedingungsloses Grundeinkommen existenzsichernd sein. Ein vernünftiger Referenzpunkt dafür ist die Armutsgefährdungsschwelle, die bei 60 Prozent des medianen Einkommens liegt – 2022 waren das in Österreich 1.400 Euro.[72] In der Schweiz lag dieser Betrag deutlich höher, nämlich bei 2.279 Franken für einen Einpersonenhaushalt;[73] in Deutschland lag 2022 der Schwellenwert für Alleinlebende bei einem Jahresnettoeinkommen von 15.009 Euro.[74]

Wer das liest und noch keine Gelegenheit hatte, sich ausführlich mit dem Thema Grundeinkommen auseinanderzusetzen, der hat an diesem Punkt normalerweise mindestens drei Einwände, die ich hier kurz besprechen möchte. Es geht um Fairness, Finanzierbarkeit und Faulheit. Beginnen wir mit dem ersten Einwand. Ist es wirklich fair, dass alle ein bedingungsloses Grundeinkommen erhalten sollen, auch Millionär*innen? Die brauchen es ja nicht. Wäre es nicht klüger, öffentliche Gelder treffsicher einzusetzen, anstatt sie mit der Gießkanne zu verteilen?

Auf den ersten Blick ist es tatsächlich nicht nachvollziehbar, warum die Millionärin genauso wie der Hilfsarbeiter ihr monatliches Grundeinkommen erhalten sollen. Diese Debatte erinnert mich hinsichtlich der Argumentationslogik an eine, die ich als Kind miterlebt habe: Damals erhielten Schulkinder in Österreich alle ihre Schulbücher gratis. Immer wieder gab es Diskussionen darüber, ob dies wirklich nötig sei. Können wohlhabende Eltern nicht selbst für die Schulbücher bezahlen, statt dem Staat auf der Tasche zu liegen? Das Argument derer, die sich für die Beibehaltung der für die Kinder und Eltern kostenlosen Schulbücher aussprachen, war, dass es solidaritätsstiftend sei, alle gleich zu behandeln. Der Sohn der Großindustriellen wird genauso behandelt wie die Tochter erwerbsarbeitsloser Eltern. Niemand muss sich als »Sozialschmarotzer« fühlen und als solcher gebrandmarkt werden. (Heute besteht das Prinzip grundsätzlich weiterhin, auch wenn Eltern in der Praxis häufig mitfinanzieren müssen). Klar, bei den Schulbüchern geht es um weitaus geringere Beträge als beim bedingungslosen Grundeinkommen – aber was im Kleinen zutrifft, ist im Großen noch wichtiger. Stigmatisierung und Demütigung sind wichtige Gründe dafür, dass erwerbsarbeitslose Menschen krank werden oder bleiben. Wie im Folgenden noch gezeigt wird, kann sich ein bedingungsloses Grundeinkommen sowohl auf die psychische als auch physische Gesundheit sehr positiv auswirken. Für viele arme Menschen bewirkt allein die Tatsache, dass das Geld aus einem Topf kommt, auf dem nicht mehr »Arbeitslosigkeit« oder »Sozialhilfe« steht, sehr viel. Sie fühlen sich nicht mehr als Almosenempfänger – denn das Grundeinkommen, das sie erhalten, bekommen alle anderen auch.

Dies beantwortet aber noch nicht die Frage, ob es denn nicht unfair sei, auch jenen Menschen, die es gar nicht brauchen, bedingungslos

Geld zu geben. Insbesondere, wenn man der Ansicht ist, dass Personen mit hohen Einkommen und großen Vermögen schon heute zu wenig zum Gemeinwohl beitragen. Genau deshalb sehen alle progressiven Modelle eines bedingungslosen Grundeinkommens vor, Vermögenswerte bzw. Vermögenszuwächse stärker zu besteuern. Viele Modelle würden auch hohe Einkommen stärker besteuern. Die Millionärin, die genau wie alle anderen Bürger*innen jeden Monat ihr bedingungsloses Grundeinkommen überwiesen bekommt, würde an anderen Stellen – über Einkommens- und Vermögenssteuern – also viel mehr beitragen, als sie es heute tut.

Und vergessen wir nicht, dass wir ja genau das heute schon tun – nämlich allen Menschen im Land bestimmte Güter oder Leistungen »mit der Gießkanne« zur Verfügung zu stellen und jene, die finanziell dazu in der Lage sind, zu Beiträgen zu verpflichten. Die Millionärin in unserem Beispiel kann auch heute schon das öffentliche Straßennetz, das öffentliche Schulsystem, die geförderten Öffi-Tickets und das geförderte Kulturprogramm nutzen, obwohl sie es finanziell betrachtet nicht braucht. Die Gießkanne hat an manchen Stellen durchaus ihre Berechtigung. Sir Michael Marmot, ein britischer Epidemiologe, der mit seiner Forschung zu den gesundheitlichen Auswirkungen sozialer Ungleichheiten berühmt wurde, erklärt warum.

Marmot erinnert daran, dass sich Ungleichheit ja nicht bloß in einer Kluft zwischen den Armen und den Reichen ausdrückt. Sie manifestiert sich in einem Gefälle in der gesamten Bevölkerung. Wenn sich soziale und wirtschaftliche Hilfe ausschließlich auf die am stärksten benachteiligten Menschen konzentriert, so argumentierte der Forscher, dann vergessen wir jene Gruppen, die nicht zu den allerärmsten gehören, die aber trotzdem nicht auf die Butterseite des Lebens gefallen sind. Zudem stigmatisieren wir die ganz Armen und vergeben zugleich die Chance, sozialen Zusammenhalt in der ganzen Bevölkerung zu stärken. Um das starke soziale Gefälle zu verringern, müssen die Maßnahmen universell sein, und zwar in einem Umfang und einer Intensität, die dem Grad der Benachteiligung angemessen sind. Diese Art von Methode bezeichnet Marmot als *proportionalen Universalismus.*[75]

Universal sind solche Maßnahmen deshalb, weil sie keine Bedarfsprüfung vorsehen und allen Menschen offenstehen – so etwas wie eine absichtliche Gießkanne sozusagen. Und das Wort »proportional« signalisiert, dass zwar allen Menschen bestimmte Dinge, die der Absicherung ihrer Grundbedürfnisse dienen, offenstehen sollen – wie Bildung, die Nutzung öffentlicher Verkehrsmittel bzw. des Straßen- und Wegenetzes und auch Krankenversorgung. Gleichzeitig sind öffentliche Dienst- und Hilfeleistungen jedoch dort besonders stark konzentriert, wo Menschen besonders viel Unterstützung brauchen. Wie zum Beispiel Mütter mit sehr niedrigem Einkommen und anderen schwierigen Lebensbedingungen, die nach der Geburt eines Kindes mehr Hilfe von Hebammen bekommen. Oder wenn Schulen in ökonomisch schwachen Regionen kostenlose Mahlzeiten anbieten. Das ist proportionaler Universalismus.

Das bedingungslose Grundeinkommen trägt dazu bei, diese Idee umzusetzen. Die Subsistenz – also das Geld, das Menschen zum Leben brauchen – wäre für alle bedingungslos sichergestellt. Man bekommt genug für ein würdevolles Leben, weil man ein Mensch ist – egal, wie alt oder jung, und egal, ob man einer Erwerbsarbeit nachgeht oder nicht. Jene, deren Einkommen aus Erwerbsarbeit oder Kapital so hoch sind, dass die diese Absicherung nicht brauchen, tragen an anderer Stelle – über Einkommenssteuern und die Besteuerung von Vermögen – mehr bei, als sie es heute tun. Gleichzeitig – und das ist erneut der »Proportionalismus«-Teil des proportionalen Universalismus – würden Leistungen für Menschen, die besondere Bedürfnisse haben, weiterhin erhalten bleiben. Etwa, weil sie Krankheiten oder Beeinträchtigungen haben oder sogar pflegebedürftig sind. Das bedingungslose Grundeinkommen würde zwar Ausgleichszulagen oder Familienbehilfen ersetzen – weil ja niemand mehr unter dem Existenzminimum leben würde bzw. weil Kinder ja auch Grundeinkommen beziehen. Wohnbeihilfen, Pflegegeld oder Unterstützung für persönliche Assistenz für Menschen, die besondere Hilfe benötigen, würden jedoch weiterhin erhalten bleiben.

Ein zweiter Einwand gegen das bedingungslose Grundeinkommen ist, dass es nicht finanzierbar sei. Dieses Argument ist allerdings ideologie- und nicht evidenzbasiert. Die Finanzierbarkeit ist immer eine Frage des politischen Willens und nicht irgendeiner Naturgewalt, die darüber entscheidet, ob der Staat für eine bestimmte Sache genug Geld hat. Es spricht für sich, dass wir uns bei Verteidigungsausgaben oder auch bei Steuererleichterungen für Großunternehmen niemals Sorgen darüber machen, ob diese finanzierbar sind. Auch in der Coronakrise fand man genug Geld, um Unternehmen zu unterstützen. Wenn es allerdings darum geht, Geld direkt an die Bürger*innen zu bezahlen, dann sorgt man sich um die Finanzierbarkeit.

Hier muss man aber differenzieren: Unternehmen ist nicht gleich Unternehmen. Viele kleine und mittelständische Unternehmen hatten und haben es in den letzten Jahren extrem schwer: Pandemiebedingte Schließungen, die Erhöhung der Energiepreise und der Arbeitskräftemangel in vielen Branchen machen das Überleben vieler dieser Betriebe von Unterstützung abhängig. Auch diese Unternehmen würden von einem bedingungslosen Grundeinkommen profitieren. Wer nicht profitieren würde, sind Großunternehmen und auch jene Betriebe, die von der Ausbeutung der Arbeitskräfte leben. Wie die Unternehmen, die im Buch und im darauf basierenden Film NOMADLAND beschrieben werden, der Arbeitskräfte in einem Amazon-Lager porträtiert. Denn eine Art von Jobs gäbe es mit einem bedingungslosen Grundeinkommen nicht mehr: Jene, die

Menschen ausschließlich machen, weil sie unbedingt ein Einkommen brauchen.

Methodische Kalkulation statt Milchbubenrechnung

Kommen wir zurück zur Finanzierung. Wer aus strategischen Gründen gegen das bedingungslose Grundeinkommen Stimmung machen möchte, rechnet häufig so: Ein Land hat soundsoviele Einwohner*innen, die jeweils, sagen wir der Einfachheit halber, 1.000 Euro im Monat bekommen. Das macht also pro Person 12.000 Euro im Jahr. Wenn wir also die Einwohnerzahl mit 12.000 multiplizieren, dann haben wir die Kosten eines bedingungslosen Grundeinkommens errechnet.

Sogar für ein kleines Land wie Österreich ergibt eine solche Milchbubenrechnung eine unglaublich hohe Summe: Neun Millionen mal 12.000 Euro im Jahr ergeben über 100 Milliarden (nämlich 108.000.000.000) Euro im Jahr. Aber eine solche »Rechnung« ist irreführend. Man fuchtelt den Menschen mit einer astronomisch hohen Summe vor den Augen herum und behauptet, dass »wir uns das nicht leisten können«, weil das wohl unweigerlich auf Kosten anderer Dinge gehen müsse. Manchmal spielt man dann auch noch auf die Urangst vieler Menschen an, dass dann die Pensionen nicht mehr bezahlt werden können.

Wie berechnet man die Kosten eines bedingungslosen Grundeinkommens richtig? Ohne hier auf die genauen Details einzugehen (die finden sich in meinem Buch und auch auf einschlägigen Websites und Büchern), lassen sich zwei Grundmodelle unterscheiden: Das erste beruht auf einem Vorschlag des mittlerweile verstorbenen Gründers der Drogeriemarktkette dm, Götz Werner. Er schlug vor, alle Abgaben auf Arbeit abzuschaffen und dafür die Konsumsteuer und vermögensbezogene Steuern zu erhöhen. Dies bedeutet tatsächlich, dass niemand mehr für sein Einkommen aus Erwerbsarbeit Steuer bezahlen würde, und auch die Arbeitgeber*innen von ihren Anteilen befreit würden. Dafür würde man aber eine deutlich höhere Mehrwertsteuer beim Einkaufen bezahlen – nach manchen Berechnungen doppelt so viel wie heute. Wer so viel Geld hat, dass er nicht alles für Konsumgüter ausgeben muss, sondern sich etwas ansparen kann, der bezahlt nach diesem Modell relativ hohe Steuern auf Vermögen.

Für Österreich – um bei diesem Beispiel zu bleiben – hat eine Studie für die Bürgerrechtsbewegung GENERATION GRUNDEINKOMMEN ausgerechnet, dass der zusätzliche Finanzierungsbedarf eines bedingungslosen Grundeinkommens in der Höhe von 1.000 Euro pro Erwachsenen und 500 Euro pro Kind pro Monat zwischen 15 und 28 Milliarden pro Jahr liegen würde. Also weit weg von den 100 Milliarden, die die oben angeführte Milchbubenrechnung ergibt. Auch, weil man sich durch ein bedingungsloses Grundeinkommen einiges andere sparen würde: Zuschüsse und Transfers für besonders niedrige Einkommen – weil es die ja nicht mehr gibt – und auch Familienbehilfen – weil ja auch Kinder nun ein Grundeinkommen erhalten. Zusätzlich käme dann noch mehr Geld über höhere Konsumsteuern und neue bzw. höhere vermögensbezogene und Finanztransaktionssteuern in den Staatshaushalt zurück. Manche Studien gehen zudem davon aus, dass es weitere Einsparungen durch sinkende Kriminalität und weniger gesundheitliche Probleme geben würde. Diese sind in den entsprechenden Berechnungen noch gar nicht enthalten.

Auch das zweite Modell – das man manchmal nach dem Wohnort seiner Erfinder als das

Linzer Modell bezeichnet – würde vermögensbezogene Steuern erhöhen. Ansonsten unterscheidet es sich jedoch sehr stark vom ersten Modell: Die Einkommenssteuer bleibt bestehen und der Spitzensteuersatz beginnt sogar bei einer niedrigeren Bemessungsgrundlage, als es heute der Fall ist, zu greifen. Auf diese Weise wäre sichergestellt, dass Personen mit niedrigen Einkommen das Grundeinkommen stark spüren, während es bei hohen Einkommen mit dem Spitzensteuersatz besteuert wird – und damit ein großer Teil wegschmilzt. Gleichzeitig würden Menschen mit viel Geld durch die neuen vermögensbezogenen Steuern viel mehr beitragen, als sie es heute tun. Der zusätzliche Finanzierungsbedarf für das Linzer Modell würde sich auf knapp 37 Milliarden Euro pro Jahr belaufen.[76]

Zugleich muss jede seriöse Kalkulation des Finanzierungsbedarfs eines bedingungslosen Grundeinkommens auch anerkennen, dass man bestimmte Dinge nicht voraussagen kann: Nämlich die sogenannten systematischen Effekte eines bedingungslosen Grundeinkommens. Wenn jeder Mensch weiß, dass er das, was er zum Leben braucht, sicher erhalten wird, dann ändern sich auch viele Entscheidungen und Verhaltensweisen. Vielleicht zieht man aus der Stadt weg, in der man ohnehin nicht mehr leben wollte, aber musste, weil dort der Arbeitsplatz war. Oder man konsumiert anders, weil man sich nicht mehr – wie das eine Teilnehmerin einer unserer Studien zu den Folgen der Coronapandemie an der Uni Wien ausgedrückt hat – für den Stress und Ärger bei der Ewerbsarbeit durch Konsum belohnen muss.

Diese Effekte, die sich auch in einer Veränderung der Preise für Konsumgüter und Wohnraum niederschlagen können, sind nicht seriös kalkulierbar. Auch die Einsparungen nicht, die sich etwa daraus ergeben, dass Menschen gesünder werden. Experimente mit bedingungslosen Geldzahlungen in unterschiedlichen Ländern – wie etwa Finnland, Kanada, den USA oder Malawi – ergeben, dass Menschen sich häufig körperlich und auch mental gesünder fühlen, wenn ihre Existenz gesichert ist. Manchmal tritt dieser Effekt sogar dann ein, wenn Personen genau dieselbe Summe, die sie bisher als Sozialhilfe oder Arbeitslosengeld ausbezahlt bekamen, als bedingungsloses Grundeinkommen erhalten. Die Tatsache, dass man sich nicht mehr als Empfänger von Almosen empfindet, dass man etwas bekommt, was

Wenn Menschen
»Geld fürs Nichtstun«
bekommen,
so fürchten viele,
dann würden alle faul
werden.
Wer würde dann noch
arbeiten und
Steuern bezahlen?

alle anderen auch erhalten, macht etwas mit den Menschen.[77]

Das letzte der oft gehörten Argumente, warum ein bedingungsloses Grundeinkommen eine schlechte Idee ist, nenne ich das »Sofa-Argument«. Wenn Menschen »Geld fürs Nichtstun« bekommen, so fürchten viele, dann würden alle faul werden. Wer würde dann noch arbeiten und Steuern bezahlen? Wer würde noch jene Jobs machen, die sonst niemand tun möchte, auf die die Bevölkerung aber angewiesen ist? Wer würde die Toiletten reinigen?

Darauf gibt es gleich mehrere Antworten. Erstens findet sich in den bisherigen Studien und Experimenten zum bedingungslosen Grundeinkommen überhaupt kein Hinweis darauf, dass Menschen faul werden. Dort, wo die Erwerbsarbeit geringfügig zurückging, war dies etwa deshalb der Fall, weil junge Männer länger in der Ausbildung verblieben.[78] Außerdem hat sich gezeigt, dass die meisten Menschen gar nicht vorhätten, aus der Erwerbsarbeit auszusteigen, wenn sie ein bedingungsloses Grundeinkommen bekämen. Sie fürchten nur, dass dies alle anderen tun. Sozialpsycholog*innen haben für dieses Phänomen einen Namen: Illusorische Superiorität. Der eigene Charakter und die eigenen Fähigkeiten werden höher eingeschätzt als der Charakter und die Fähigkeiten der anonymen Masse anderer Menschen. Das ist übrigens nicht nur negativ: Es ermöglicht uns, auch dann weiterzumachen oder bestimmte Dinge zu tun, wenn wir wissen, dass viele andere daran scheitern. Auch wenn man weiß, dass über ein Drittel aller Ehen geschieden werden, heiratet man trotzdem – die eigene Beziehung wird es schon nicht treffen, oder?

Kommen wir zurück zum Grundeinkommen. Die Angst, dass niemand mehr arbeitet, wenn die Lebenserhaltungskosten durch ein Grundeinkommen gedeckt sind, ist am ehesten psychologisch zu erklären – auf Evidenz gegründet ist sie nicht. Erstens besteht Arbeit nicht nur aus Erwerbsarbeit. Zweitens würde die Erwerbsarbeit aber auch weiterhin getan werden. Auch wenn manche Menschen vielleicht ihre derzeitige Arbeitsstelle aufgeben – weil sie den Job, dem sie gerade nachgehen, nicht mögen, weil der Chef unmöglich ist oder die Arbeitszeiten nicht wirklich vereinbar mit der Familie sind, dann bedeutet das ja nicht, dass sie überhaupt aus der Erwerbsarbeit aussteigen. Es bedeutet nur, dass sie es sich jetzt leisten können, sich die Zeit zu nehmen, die sie brauchen, um eine Arbeit zu finden, die sie gerne und gut tun können. Wenn man davon ausgeht, dass Arbeit – und insbesondere auch Erwerbsarbeit – nicht nur Geld bringt, sondern auch soziale Kontakte, Wertschätzung und idealerweise auch Sinn stiftet, dann gibt es keinen Grund zu fürchten, dass in einer Gesellschaft mit bedingungslosem Grundeinkommen plötzlich alle nur noch in der Hängematte liegen. Und auch die Jobs, die keiner tun will, würden weiterhin getan werden – man müsste sie nur besser bezahlen und in vielen Fällen auch die Arbeitsbedingungen verbessern. Gerade in der Gastronomie gibt es eine Reihe von Menschen, die diese Arbeit an sich gern tun. Aber die Arbeitsbedingungen bringen sie dazu, in eine andere Branche zu wechseln – oder es zu planen.

Es geht um ein Butterbrot

Bisher war in unserer Gesellschaft die Erwerbsarbeit der Schlüssel zu Einkommen und Absicherung. Die Systeme sozialer Sicherheit, die im 20. Jahrhundert entwickelt wurden, waren in vielerlei Hinsicht eine große Errungenschaft – aber sie gaben Antworten auf die Probleme des 20. Jahrhunderts. Die Herausforderungen unserer

Zeit benötigen ein tiefergehendes Umdenken, das auch neues Handeln möglich macht. Die Art, wie Menschen arbeiten, spielt dabei eine zentrale Rolle: Ich habe schon mehrfach darauf hingewiesen, dass die Art, wie wir arbeiten, auch Einfluss darauf hat, wie wir viele andere Dinge tun, vom Einkaufen über soziale Aktivitäten bis hin zur Nutzung von Verkehrsmitteln. Arbeit ist der Schlüssel zur Veränderung anderer Lebensbereiche. Gerade wenn wir eine nachhaltigere Gesellschaft wollen, müssen wir damit beginnen, Arbeit zu denken.

Wie das gelingen kann? Zuallererst müssen die Menschen die Freiheit haben, jene Arbeit zu verrichten, die sie gut tun können und die sie auch tun wollen. Dafür müssen die Grundbedürfnisse der Menschen – unabhängig davon, wie sie gearbeitet haben oder arbeiten – befriedigt sein. Der überwiegende Teil davon wird in Europa gar nicht in Form von Geldleistungen gedeckt, sondern findet über den freien Zugang zu öffentlichen Dienstleistungen und Einrichtungen statt. Die Tatsache, dass Schulbildung, Zugang zu Transport und Information sowie Zugang zu Krankenversorgung nicht Leistungen sind, die sich die Bürger*innen zu Marktpreisen kaufen müssen, ist eine große Errungenschaft europäischer Staaten, die es zu erhalten gilt. Und zu stärken: Gerade die Pandemie hat wieder gezeigt, wie wichtig es ist, starke öffentliche Infrastrukturen zu haben. Sie hat auch sehr schmerzhaft gezeigt, wo diese nicht vorhanden sind oder bröckeln – ein Beispiel für Letzteres ist leistbares Wohnen. Und dann gibt es eine Reihe von Dingen, die durch öffentliche Leistungen nicht zur Verfügung gestellt werden können. Niemand möchte das Land in eine riesige Kommune verwandeln, in der der Staat Kleider und Lebensmittel zur Verfügung stellt. Trotzdem gilt: Je mehr unserer Bedürfnisse durch öffentliche Dienstleistungen bereits befriedigt sind, desto niedriger kann das bedingungslose Grundeinkommen ausfallen. In einem Land, in dem man zwei Autos braucht, um die Kinder in die Schule zu bringen und in die Arbeit zu kommen, weil es keine öffentlichen Verkehrsmittel gibt, und in dem man für die Krankenversicherung monatlich hohe Beträge bezahlen muss, braucht man mehr Geld, um seine Bedürfnisse zu befriedigen, als dort, wo öffentlicher Verkehr, gute Schulbildung, Krankenversorgung, und ähnliche Leistungen von der öffentlichen Hand günstig oder sogar kostenlos zur Verfügung gestellt werden.

Ein bedingungsloses Grundeinkommen – als ein Geldbetrag, den alle Menschen monatlich ausbezahlt bekommen – kann man sich als die Butter vorstellen, die auf dem »Brot« der öffentlichen Infrastrukturen und Leitungen liegt. Je dicker das Brot, desto dünner kann die Butterschicht sein, um die Person trotzdem satt zu machen. Ohne Brot geht es gar nicht. Ein solches Butterbrot wäre eine Investition in die Menschen und in eine bessere Gesellschaft.

Eine Jobgarantie ist übrigens keine gangbare Alternative zu einem bedingungslosen Grundeinkommen. Weil sich diese Idee gerade wachsender Beliebtheit erfreut, möchte ich kurz darauf eingehen, warum ich sie nicht befürworte. Die Proponentinnen einer Arbeitsplatzgarantie, allen voran prominente Vertreterinnen der sogenannten Modern Monetary Theory[79] wie Pavlina Tcherneva und Stephanie Kelton, schlagen vor, dass jede Person, die einen Arbeitsplatz möchte, unabhängig von ihrer Qualifikation einen aus öffentlichen Mitteln bezahlten Arbeitsplatz zu einem Mindeststundensatz erhalten soll. Lokale und kommunale Arbeitsvermittlungsstellen würden nicht nur Schulungen anbieten und die Menschen dazu bringen, sich auf dem Arbeitsmarkt zu bewerben, sondern auch eine ausreichende Zahl sinnvoller und geeigneter Arbeitsplätze kuratieren und verteilen. Diese Arbeitsplätze stünden unter dem Motto der Sorge: Sorge für die Umwelt, Sorge für die Gemeinschaft und Sorge für Menschen.[80]

Eine solche Arbeitsplatzgarantie hätte in der Tat eine Reihe von Vorteilen. Zunächst einmal bringt sie uns dazu, anders über Arbeitslosigkeit zu denken. Die orthodoxen Wirtschaftswissenschaften betrachten Arbeitslosigkeit als »natürliches Phänomen«, als einen Pool von Arbeitslosen, der unter anderem dazu dient, die Inflation unter Kontrolle zu halten. Die Befürworter*innen von Jobgarantieprogrammen distanzieren sich von dieser Argumentation und betrachten Arbeitslosigkeit als ein Versagen des öffentlichen Sektors, das durch eine fehlgeleitete Politik verursacht wird: Die Vorstellung, so die Ökonomin Pavlina Tcherneva, dass einige Menschen im Kampf gegen andere wirtschaftliche Übel zwangsläufig ihre Arbeit und ihren Lebensunterhalt verlieren, sei ein tiefgreifendes moralisches Versagen der Wirtschaftswissenschaften.[81] Hier hat Tcherneva vollkommen recht. Zudem mangelt es unseren Gesellschaften nicht an Arbeit, die erledigt werden muss: Es gibt eine Menge *unsichtbarer* Sorgearbeit – für Menschen, aber auch für die Umwelt –, die arbeitsintensiv ist und von Personen mit unterschiedlichen Qualifikationen erledigt werden kann. Diese Arbeiten müssen kontinuierlich durchgeführt werden und könnten die erforderlichen Beschäftigungsmöglichkeiten bieten, ohne mit dem privaten Sektor zu konkurrieren – wie auch Tcherneva argumentiert.[82]

Trotzdem ist eine universelle Arbeitsplatzgarantie die falsche Lösung für das richtige Problem. Erstens wäre sie teuer und bürokratisch. Sie würde es notwendig machen, dass für jede Person, die eine Erwerbsarbeit möchte, ein Arbeitsplatz gefunden oder geschaffen wird, unabhängig von ihrem Wohnort, ihren besonderen Einschränkungen und Stärken, Fähigkeiten und Arbeitsplatzpräferenzen. Zweitens würde eine universelle Jobgarantie die Stigmatisierung der Menschen, die trotzdem nicht in einem Erwerbsarbeitsverhältnis stehen, nicht aufgeben. Sofern sie nicht so reich sind, dass sie von ihrem Vermögen leben, oder eindeutig zu alt oder zu krank sind, würden sie als Trittbrettfahrer abgestempelt werden, vielleicht sogar in höherem Maße als heute. Zudem ist es wahrscheinlich, dass diejenigen, die in einem

Jobgarantieprogramm arbeiten, als »Workfare-Schmarotzer« betrachtet würden – als Menschen, die es angeblich einfach haben und in auf ihre Bedürfnisse zugeschnittenen Jobs mit großzügigen Leistungen arbeiten. Drittens – und das ist ein wesentlicher Punkt – würde eine universelle Jobgarantie die Ansicht einzementieren, dass nur bezahlte Arbeit als Arbeit gilt. Genau das versucht ein bedingungsloses Grundeinkommen zu ändern. Jobgarantien sind ein sehr wichtiges und wirkungsvolles Instrument, wenn sie gezielt eingesetzt und auf bestimmte Gruppen beschränkt sind – wie etwa ältere Menschen, die ihre Beschäftigung verloren haben, Eltern, die nach einer Karenz wieder in das Erwerbsleben einsteigen, oder Personen mit körperlichen oder geistigen Einschränkungen, die trotzdem einer Beschäftigung nachgehen wollen. Als Vision für die Rolle der Arbeit in unserer Gesellschaft sind Jobgarantien allerdings nicht geeignet.

An die Arbeit!

Aber ganz konkret – welche Schritte müssen wir unternehmen, damit es in Bezug auf die Diskussion über die Abdeckung der Grundbedürfnisse zu einem Umdenken in unserer Gesellschaft kommt? Bezüglich des bedingungslosen Grundeinkommens gibt es derzeit weltweit zahlreiche Initiativen, die ein solches einführen wollen – auch weil, wie Georg Grund-Groiss und Philipp Hacker-Walton in ihrem Buch DAS HALBE GRUNDEINKOMMEN[83] zu Recht ausführen, die Coronapandemie viele aufgerüttelt hat. Mit der Pandemie, so schreiben die Autoren, begann das *Fördern und Fordern,* das bisher die Arbeitsvermittlung gekennzeichnet hatte, »eine sehr große Anzahl von Menschen zu kränken, die ihre Leistungsorientierung in der Erwerbsarbeit oft jahrzehntelang unter Beweis gestellt haben«. Viele, die sich bisher als Leistungserbringer begriffen hätten, sehen sich plötzlich im selben Boot mit jenen, die sie vorher als leistungsschwach oder gar Leistungsverweigerer betrachtet hatten. Das schärft die Wahrnehmung dafür, dass es jedem Menschen passieren kann, erwerbsarbeitslos zu werden – und erhöht bei manchen die Offenheit gegenüber bisherigen Tabus wie einer bedingungslosen Grundsicherung.

Es gibt derzeit auch Vorschläge, ein bedingungsloses Grundeinkommen auf EU-Ebene einzuführen. Das würde nicht nur Menschen im gesamten EU-Raum absichern, so die Autor*innen einer rezenten Studie, sondern es würde auch die europäische Identität stärken.[84] Die EU leidet ja unter dem bekannten Problem, dass nationale Regierungen die Segnungen der EU-Politik – wie den Schutz von Konsumentenrechten oder konsumentenfreundliche Datenschutzbestimmungen – gerne für sich beanspruchen, während sie unliebsame Regeln gerne auf »Brüssel« schieben. Würde die Einführung eines bedingungslosen Grundeinkommens von der EU initiiert, dann wäre das auch eine Chance für Europa, mit Unterstützungsleistungen für Bürger*innen in Verbindung gebracht zu werden. Das sei gerade bei sozialen Unterstützungsleistungen häufig schwierig, so die Autoren der Studie, weil Mitgliedstaaten die Konkurrenz seitens der EU fürchten. Beim bedingungslosen Grundeinkommen gäbe es dieses Problem nicht, weil es im EU-Raum noch nirgends umgesetzt sei.

Aber wir müssen weit über ein bedingungsloses Grundeinkommen hinausgehen, damit Arbeit wirklich zu einem Schlüssel gesellschaftlicher und wirtschaftlicher Veränderung werden kann – und Menschen frei und gut arbeiten können. Welchen Stellenwert wir Arbeit geben und wie wir das Thema behandeln, bestimmt, in welche Richtung wir uns als Gesellschaft bewegen – so argumentieren Wissenschaftler aus aller Welt, die sich im Rahmen einer gemeinsamen Initiative (#Democratizing Work) für die Demokratisierung von Arbeit einsetzen. Zählen nur Profite und Wachstum oder wollen wir nachhaltiger leben? Wenn Letzteres der Fall ist, dann muss eine Reform der Arbeit zum Teil eines Europäischen Green Deal werden, wie ihn die Europäische Kommission im Jahr 2020 formuliert hat. Dann muss Arbeit *dekommodifiziert* werden: Sie ist keine Ware, sondern eine gesellschaftlich wertvolle menschliche Tätigkeit, deren Preis und Wert nicht durch Marktmechanismen bestimmt werden dürfen.

Machen wir uns an die Arbeit.

Anmerkungen

1 https://www.pewresearch.org/fact-tank/2018/09/06/the-american-middle-class-is-stable-in-size-but-losing-ground-financially-to-upper-income-families/. Für alternative Definitionen der »Mittelschicht« im US-Kontext siehe https://www.brookings.edu/research/defining-the-middle-class-cash-credentials-or-culture/

2 https://www.pewresearch.org/social-trends/2020/01/09/trends-in-income-and-wealth-inequality/

3 https://hiring.amazon.com/our-team/camperforce#/

4 https://jacobinmag.com/2021/02/nomads-in-search-of-a-villain

5 https://www.ei-ie.org/en/item/25529:uk-overworked-higher-education-staff-back-industrial-action

6 https://www.ucu.org.uk/media/12532/HEReport24March22/pdf/HEReport24March22.pdf.
Als ich eine junge Kollegin in London fragte, ob ihre Stelle denn entfristet werde, antwortete sie: »Meine Universität gibt mir mehr Stunden Lehre, als man schaffen kann, und schaut, wie weit ich komme – danach werde ich evaluiert.«

7 https://www.ucu.org.uk/article/12212/Two-thirds-of-university-staff-considering-leaving-sector-new-report-reveals

8 https://data.worldbank.org/indicator/SI.POV.GINI?end=2020&name_desc=true&start=2020&view=bar

9 https://www.derstandard.at/story/2000101623822/onlinerechner-gehoeren-sie-noch-zur-mittelschicht

10 https://www.bertelsmann-stiftung.de/de/themen/aktuelle-meldungen/2021/dezember/die-mittelschicht-in-deutschland-broeckelt

11 https://wien.arbeiterkammer.at/interessenvertretung/verteilungsgerechtigkeit/Broschuere_Einkommensverteilung.html

12 https://www.zeit.de/wirtschaft/2020-07/vermoegensverteilung-deutschland-diw-studie-ungleichheit

13 https://www.arbeiterkammer.at/interessenvertretung/wirtschaft/verteilungsgerechtigkeit/Einkommensverteilung.pdf, S. 8

14 https://www.nytimes.com/2011/08/15/opinion/stop-coddling-the-super-rich.html

15 https://www.moment.at/story/marlene-engelhorn-millionen-erben

16 https://wirtschaftslexikon.gabler.de/definition/arbeit-31465

17 G. G. Voß: »Arbeit als Grundlage menschlicher Existenz: Was ist Arbeit? Zum Problem eines allgemeinen Arbeitsbegriffs«. In: Handbuch Arbeitssoziologie. VS Verlag für Sozialwissenschaften 2010, S. 23–80, hier S. 7

18 Sehr gut beschrieben ist dieser Prozess auch in Amelia Horgans Buch Lost in Work, das 2021 bei Pluto Press erschienen ist.

19 https://twitter.com/jasonhickel/status/1515977488110915587

20 In diesem Zusammenhang sind die Bücher des amerikanischen Philosophen Michael Sandel sehr lesenswert. Siehe z. B. M. J. Sandel: Was man für Geld nicht kaufen kann: Die moralischen Grenzen des Marktes. Ullstein 2012.

21 https://www.kateraworth.com/2012/07/01/want-to-know-how-to-get-beyond-gdp-start-here/ und https://knowledge.wharton.upenn.edu/article/measure-economic-performance/

22 Women's economic empowerment in the changing world of work, Report of the Secretary-General, E/CN.6/2017/3

23 https://oxfamilibrary.openrepository.com/bitstream/handle/10546/620928/bp-time-to-care-inequality-200120-en.pdf

24 https://www.nytimes.com/interactive/2020/03/04/opinion/women-unpaid-labor.html

25 https://stats.oecd.org/index.aspx?queryid=54757#

26 https://www3.weforum.org/docs/WEF_GGGR_2021.pdf

27 https://www.boeckler.de/de/boeckler-impuls-ruckschritt-durch-corona-23586.htm

28 https://www.tagesspiegel.de/wirtschaft/oxfam-studie-zu-ungleichheit-maenner-besitzen-50-prozent-mehr-vermoegen-als-frauen/25449954.html

29 https://www.bostonreview.net/forum_response/why-we-dont-act/

30 https://fs.hubspotusercontent00.net/hubfs/4906807/Demographic%20Drought%20V18.pdf

31 https://ec.europa.eu/info/strategy/priorities-2019-2024/new-push-european-democracy/impact-demographic-change-europe_de
32 https://www.jstor.org/stable/23655288
33 https://www.gallup.com/workplace/389807/top-things-employees-next-job.aspx
34 https://www.lebensart.at/was-sich-oesterreicherinnen-im-beruf-wuenschen
35 https://www.derstandard.at/story/2000132415649/junge-wuenschen-sich-mehr-jobsicherheit
36 https://www.focus.de/perspektiven/staerker-zusammen/new-work-was-arbeitgeber-attraktiv-macht_id_11684960.html
37 https://www.haufe.de/personal/hr-management/studie-wuensche-und-beduerfnisse-der-generation-z-im-job_80_547736.html
38 Eine Beschreibung der Studie, die in Österreich und parallel dazu in neun anderen europäischen Ländern durchgeführt wurde, findet sich auf folgender Website: https://digigov.univie.ac.at/solidarity-in-times-of-a-pandemic-solpan/solpan-blog-deutsch/
39 https://hbr.org/2021/05/what-your-future-employees-want-most
40 https://hbr.org/2017/07/stop-the-meeting-madness
41 https://theconversation.com/what-makes-a-job-meaningful-and-why-that-matters-159018
42 https://www.derstandard.at/story/2000133439385/mehrheit-der-beschaeftigten-sehen-keinen-sinn-im-job
43 https://www.greatplacetowork.at/blog/employee-engagement-die-bedeutung-der-arbeit/
44 https://www.ots.at/presseaussendung/OTS_20220510_OTS0054/willhaben-analyse-was-sich-oesterreicherinnen-im-beruf-wuenschen-bild
45 https://www.statista.com/statistics/1134296/opinions-on-home-office-advantages-in-italy-by-length/
46 https://www.hbs.edu/ris/Publication%20Files/Work%20from%20Anywhere_forthcoming%20SMJ_ee8cc7c5-c90e-4ad9-a1f4-47309d693a5c.pdf
47 https://viecer.univie.ac.at/corona-blog/corona-blog-beitraege/blog71/

48 https://www.handelsblatt.com/politik/deutschland/umfrage-mehrheit-der-deutschen-fuer-eine-vier-tage-woche/28085278.html

49 https://www.faz.net/aktuell/wirtschaft/deutsche-wuenschen-sich-immer-kuerzere-arbeitszeiten-17265379.html

50 J. H. Pencavel (2015): »The Productivity of Working Hours«. Economic Journal 125 (589), S. 2052–2076
R. Shangguan, J. DeVaro, H. Owan (2021): »Enhancing Team Productivity through Shorter Working Hours: Evidence from the Great Recession«, RIETI Discussion Paper 21-E-040.
https://www.bbc.com/worklife/article/20210819-the-case-for-a-shorter-workweek

51 https://docs.iza.org/dp8129.pdf

52 https://www.endlich-wachstum.de/wp-content/uploads/2017/01/C_Who-cares_Hintergrundtext-4-in-1-Perspektive.pdf

53 https://www.marktundmittelstand.de/gehalt/gehalt-und-gehaltsverhandlungen-das-zahlt-der-mittelstand/das-verdienen-geschaeftsfuehrer-im-mittelstand-1281331/

54 https://www.derstandard.at/story/2000132360799/fat-cats-top-manager-verdienen-in-fuenf-tagen-ein-jahresgehalt

55 Hier werden manche Menschen dagegenhalten, dass Großunternehmen deshalb mehr Unterstützung verdienen, weil sie große Risiken tragen. Faktisch ist diese Sonderstellung von Großunternehmen jedoch genau deshalb nicht zu argumentieren, weil gerade sie bisher aus jeder Schieflage gerettet wurden. Auch Start-ups bekamen teils astronomisch hohe Förderungen, während jeder Euro, der für Arbeitnehmer*innen ausgegeben wird, gerechtfertigt werden muss.

56 https://www.thebalance.com/income-inequality-in-america-3306190

57 Die Armutsgrenze für Haushalte verschiedener Größe ist hier zu finden: https://crsreports.congress.gov/product/pdf/R/R47030

58 https://www.epi.org/blog/wage-inequality-continued-to-increase-in-2020-top-1-0-of-earners-see-wages-up-179-since-1979-while-share-of-wages-for-bottom-90-hits-new-low/

59 https://www.handelsblatt.com/unternehmen/loehne-und-gehaelter-so-hoch-ist-das-durchschnittseinkommen-in-deutschland/26628226.html

60 https://medium.com/s/free-money/basic-income-job-guarantees-and-invisible-labor-c08134e7f310

61 https://www.tagesschau.de/inland/armut-deutschland-paritaetischer-wohlfahrtsverband-101.html

62 https://www.armutskonferenz.at/armut-in-oesterreich/aktuelle-armuts-und-verteilungszahlen.html; https://www.bfs.admin.ch/bfs/de/home/statistiken/wirtschaftliche-soziale-situation-bevoelkerung/soziale-situation-wohlbefinden-und-armut/armut-und-materielle-entbehrungen/armutsgefaehrdung.html

63 https://www.derstandard.at/story/2000102773951/mindestsicherung-wenn-die-scham-groesser-ist-als-die-not

64 https://www.planet-wissen.de/geschichte/persoenlichkeiten/otto_von_bismarck_der_eiserne_kanzler/pwiediesozialgesetze100.html

65 OTS (2018): PwC Studie: Bis 2030 sind 34 Prozent der österreichischen Arbeitsplätze von Automatisierungsprozessen bedroht, https://www.ots.at/presseaussendung/OTS_20180509_OTS0117/pwc-studie-bis-2030-sind-34-prozent-der-oesterreichischen-arbeitsplaetze-von-automatisierungsprozessen-bedroht-bild; PWC (2018): Warum die Automatisierung den deutschen Arbeitsmarkt besonders hart treffen könnte, https://www.pwc.de/de/pressemitteilungen/2018/warum-die-automatisierung-den-deutschen-arbeitsmarkt-besonders-hart-treffen-koennte.html

66 McKinsey (2018): The future of work: Switzerland's digital opportunity. McKonsey Global Institute in collaboration with McKinsey & Company Swizzerland, October 2018, https://www.mckinsey.com/ch/~/media/McKinsey/Featured%20Insights/Europe/The%20future%20of%20work%20Switzerlands%20digital%20opportunity/The-future-of-work-Switzerlands-digital-opportunity.ashx

67 https://time.com/5876604/machines-jobs-coronavirus/; https://techjury.net/blog/jobs-lost-to-automation-statistics/#gref

68 https://www.oecd-ilibrary.org/employment/automation-skills-use-and-training_2e2f4eea-en

69 https://www.mckinsey.com/~/media/mckinsey/featured%20insights/gender%20equality/the%20future%20of%20women%20at%20work%20transitions%20in%20the%20age%20of%

20automation/mgi-the-future-of-women-at-work-full-report-june%202019.ashx

70 Klaus Schwab: Die Vierte Industrielle Revolution. Pantheon 2016

71 https://www.weforum.org/agenda/2020/10/dont-fear-ai-it-will-lead-to-long-term-job-growth/

72 https://www.armutskonferenz.at/armut-in-oesterreich/aktuelle-armuts-und-verteilungszahlen.html.
Die Armutsgefährdungsschwelle liegt bei 60 Prozent des medianen Einkommens eines Landes.

73 https://www.republik.ch/2022/10/10/auf-lange-sicht-armutszeugnis

74 https://www.destatis.de/DE/Themen/Gesellschaft-Umwelt/Einkommen-Konsum-Lebensbedingungen/Lebensbedingungen-Armutsgefaehrdung/_inhalt.html

75 M. Marmot: Fair Society, Healthy Lives: The Marmot Review. University College London, 2010

76 https://www.dropbox.com/s/6bnrpmfh2hqmko9/Beispielrechnungen%20mit%20der%20Spielwiese.pdf?dl=0

77 Sehr zu empfehlen ist in diesem Zusammenhang das Buch von Michael Bohmeyer und Claudia Cornelsen: Was würdest Du tun? Wie uns das Bedingungslose Grundeinkommen verändert – Antworten aus der Praxis. Ullstein, 2019

78 M. Gibson, W. Hearty, P. Craig (2020): The public health effects of interventions similar to basic income: a scoping review. The Lancet Public Health, 5 (3), S. e165–e176.

79 Die Modern Monetary Theory (MMT; übersetzt »Moderne Geldtheorie«) entwickelt die Ideen von Ökonomen wie John Maynard Keynes und Friedrich Knapp weiter und stellt damit einige wichtige Dogmen der neoklassischen »Mainstream«-Ökonomen in Frage.

80 https://www.levyinstitute.org/pubs/wp_902.pdf

81 https://www.levyinstitute.org/pubs/wp_902.pdf, S. 3

82 https://www.levyinstitute.org/pubs/wp_902.pdf, S. 17

83 Georg Grund-Groiss, Philipp Hacker-Walton: Das halbe Grundeinkommen. Der erste Schritt zu einer gerechteren Arbeitsgesellschaft. Braumüller Verlag, 2021, S. 91

84 https://spoe-bildung.at/2022/06/17/die-realistische-utopie-eines-europaischen-grundeinkommens/; https://renner-institut.at/publication/feps-yan-policy-study-the-european-basic-income

Alle Weblinks wurden zuletzt am 15. November 2022 abgerufen.

Dank

Ich bedanke mich bei Judith E. Innerhofer, Teresa Profanter, Hendrik Wagenaar und Elias Weiß für hilfreiche Kommentare und Diskussionen zum Manuskript, bei Herausgeber Hannes Androsch für seine Initiative. Den Studierenden an der Universität Wien danke ich für die Denkanstöße und neuen Ideen, die ich vom Austausch mit ihnen bekomme.

Die Autorin

Barbara Prainsack ist Professorin am Institut für Politikwissenschaft der Universität Wien, zuvor lehrte sie am King's College London. Sie ist international ausgewiesene Expertin für Gesundheits-, Wissenschafts- und Technologiepolitik, Vorsitzende der Ethik-Kommission der Europäischen Kommission, u. a. gewähltes korrespondierendes Mitglied der Österreichischen Akademie der Wissenschaften, gewähltes Mitglied der Deutschen Akademie der Technikwissenschaften und der Academia Europae. 2020 erschien im Brandstätter Verlag ihr Buch VOM WERT DES MENSCHEN, 2021 bei Policy Press (gemeinsam mit Hendrik Wagenaar) THE PANDEMIC WITHIN: POLICY MAKING FOR A BETTER WORLD.

Impressum

Liebe Leser*innen,
wir sagen Danke, dass wir Sie auf Ihrer Lesereise begleiten durften. Viele weitere Bücher für spannende Debatten und Denkanstöße finden Sie unter

www.brandstaetterverlag.com

Für Informationen und weitere Titel aus der Reihe **Auf dem Punkt** besuchen Sie

ISBN 978-3-7106-0688-5

1. Auflage, 2023

Designed in Austria, printed in Europe

Grafische Gestaltung: Capitale Design Studio
Schriften: Grotta, Novel Pro
Lektorat: Teresa Profanter
Projektleitung: Judith E. Innerhofer
Redaktionelle Mitarbeit des Herausgebers:
Trautl Brandstaller & Christian Müller

Wir tragen Verantwortung

Der Inhalt dieses Buchs wurde auf hochwertigem, FSC©-zertifiziertem Naturpapier gedruckt. Dieses Papier trägt darüber hinaus ein Zertifikat auf dem Cradle to Cradle Certified® Silver Level.

Das Forest Stewardship Council® ist eine internationale Nichtregierungsorganisation, die weltweit eine umweltfreundliche, sozial gerechte und wirtschaftlich tragfähige Bewirtschaftung der Wälder fördert. Cradle to Cradle® zielt auf ein ökologisch verträgliches Wirtschaften in sich wiederholenden Rohstoff-Produkt-Kreisläufen ab.

Für die Druckproduktion und Endfertigung wurde auf umweltfreundliche, ressourcenschonende und schadstofffreie Produktionsweisen und Materialien geachtet. Die Druckerei ist FSC© und PEFC™-zertifiziert, regelmäßige Audits erfolgen im Rahmen der internationalen Umweltmanagementnorm ISO 14001 (Nr. 35025/C/0001/UK/En).

Diese international anerkannten, unabhängigen und regelmäßig überprüften Standards gewährleisten eine umweltgerechte, sozial verträgliche, nachhaltige und ökonomisch tragfähige Nutzung entlang der gesamten Wertschöpfungskette Holz, vom Baum bis zum Buch.